W0000612

Elke Büdenbender / Eckhard Nagel

Der Tod ist mir nicht unvertraut

Inhalt

I.

»Wir müssen über das Sterben reden«

Existenzielle Erfahrungen und warum die Beschäftigung mit dem eigenen Ende immer auch eine Beschäftigung mit dem Leben ist

Elke Büdenbender: Eckhard, wie lange kennen wir uns? Zwanzig Jahre?

Eckhard Nagel: Eher dreißig.

Büdenbender: Stimmt. Wir sind 1991 nach Hannover gezogen und haben uns daraufhin ziemlich bald kennengelernt, erst Frank, mein Mann, und du, dann auch deine Frau Anne und ich. Frank und du wart gerade damit beschäftigt, ein Konzept für ein neuartiges Transplantationszentrum in Hannover zu erarbeiten. Dreißig Jahre, mein Gott. Was haben wir alles miteinander erlebt.

Nagel: Sehr viel. Damals wohnten wir in verschiedenen Wohngemeinschaften, und mein Alltag war wesentlich geprägt von der Arbeit in der Medizinischen Hochschule. Ein neuer Freundeskreis wuchs zusammen, und in unserer Umgebung gab es die ersten Familiengründungen. Anne und ich haben uns 1993 dann auch sehr über die Geburt unserer ersten Tochter Jordis gefreut, und wir sind dann als Familie in das schöne Umland gezogen. Ich erinnere mich noch gut an den Umzug, bei dem auch Frank mit angepackt hat.

B: Einige Jahr später haben wir euch dann aber aus anderen Gründen besucht auf diesem wunderbaren Hof, auf dem ihr damals gelebt habt …

N: Ja, das war nach dem Tod von Jonathan, unserem Sohn, der auf dieser Welt nicht groß werden durfte.

B: Das war wirklich eine sehr schwere Zeit für euch. Ich erinnere mich noch gut an einen Besuch von Anne, als unsere Tochter Merit schon auf der Welt war. Anne war so traurig. Ich habe damals zum ersten Mal gespürt, wie sehr der Tod eines Kindes schmerzt. Auch das ist ein Grund, hier zu sitzen. Wir haben uns verabredet, um über das Sterben zu sprechen.

N: Die Zeit empfinde ich auch nach bald drei Jahrzehnten als die schwerste in meinem Leben. Der Tod von Jonathan und anderthalb Jahre zuvor von unserer zweiten Tochter Rieke war in meiner Wahrnehmung nur deshalb zu überleben, weil wir für unsere älteste Tochter Verantwortung trugen. Die elterliche Verantwortung für das Leben trägt. Man weiß zwar: Letztlich beginnt das Sterben immer mit der Geburt. Mit dem Dasein. In meiner Erfahrung fällt das Geborenwerden eines Kindes oft damit zusammen, dass ein älteres Familienmitglied geht. Das ist die Spirale des Lebens: Der Ältere geht, und der Jüngere – oder die Jüngere – kommt. Deshalb ist es besonders schwer, wenn diese natürliche zeitliche Abfolge durchbrochen wird. Das schockiert und macht Angst. Wenn Kinder sterben, löst das eine andere, eine noch unfassbare Verzweiflung aus. Das ist der Grund, warum ich auch nicht in die Kindermedizin gegangen bin.

B: Das war mir gar nicht klar. Wie ist dir das bewusst geworden?

N: Mein ursprüngliches Ziel war es, Kinderarzt zu werden. Deshalb habe ich Medizin studiert. Ich mag Kinder und wollte viele eigene Kinder haben. In Deutschland war es damals in der medizinischen Ausbildung gar nicht so leicht, einen Zugang zu Kindern zu bekommen. Aber nach meinem zweiten Staatsexamen hatte ich 1985 in meinem praktischen Jahr in Dartmouth, New Hampshire, einen Spezialisten für Kindesmisshandlung als Professor. Ich war Feuer und Flamme. Dass in dieser wohlhabenden Gegend im Nordosten Amerikas Kinder in teilweise erbärmlichen Zuständen leben, hat mich bestürzt. Dagegen wollte ich mich engagieren. Dann jedoch landete ich auf der Intensivstation und merkte: Das kann ich nicht.

B: Warum nicht? Was war da los?

N: Auf der Station befanden sich vor allem Frühgeborene und Säuglinge mit Herzfehlern. Die Kinderintensivmedizin steckte noch in ihren Anfängen. Die Kinder lagen in Brutkästen und waren ruhiggestellt, damit man sie beatmen konnte. Hände und Füße waren verbunden. Während man in der Medizin normalerweise Fortschritte sieht, wurde mir klar, dass es mindestens jedem zweiten dieser Kinder von Tag zu Tag schlechter ging. Nicht besser. Mich hat das vollkommen überfordert. Es war schwer auszuhalten, dass gerade geborene Kinder eine sehr geringe oder gar keine Lebensperspektive haben. Manche sind auch unter der Therapie verstorben. Und als Arzt musste ich mit den Eltern umgehen. Ich bin jeden Abend fassungslos nach Hause gegangen, selbst wenn mal etwas Positives passiert ist. Ich habe mich immerzu gefragt: Warum darf so etwas überhaupt sein?

B: Wir sind das heute nicht mehr gewöhnt. Die Kindersterblichkeit ist in unseren modernen Gesellschaften sehr gering, das Sterben hat sich ins hohe Alter verschoben – im Normalfall jedenfalls. Der Tod von Kindern scheint einfach zutiefst ungerecht – und das bestimmt auch für jemanden, der professionell Medizin betreibt.

N: So ist es.

B: Für mich bleibt das unvorstellbar. Du tust nichts Falsches, freust dich auf das werdende, noch zarte Wesen – und dann ereilt dich das. Dein Kind kommt nicht ins Leben. Wenn das Leben die Chancen so ungerecht verteilt, auch die Chance zu überleben – ich glaube, ich würde auch hadern. Als eure Kinder gestorben sind – hat dich das an deine Erfahrungen in Amerika erinnert?

N: Auf jeden Fall. Ich fühle mich dem christlichen Glauben ja wirklich verbunden. Ich bin so groß geworden, ich vertraue in das Gute des Lebens, auch des werdenden Lebens, alle Schicksalsschläge inklusive, die die Welt nun mal für Menschen bereithält. Ich akzeptiere auch, dass ein guter Gott schlimme Dinge nicht verhindert, weil es die Herausforderung des Lebens ist, mit dem Schicksal umzugehen. Damals jedoch, in New Hampshire, hat es mich vollkommen überfordert, mit den Eltern die Frage nach dem Warum zu diskutieren – diese Hoffnung, die Enttäuschung, letztendlich auch der Schmerz, der eine solche Situation, eine Krankheit, ein Sterben, mit sich bringt für die Angehörigen.

B: Wie schlimm ist der Tod eigentlich für die Kinder selbst?

N: Das Interessante ist, und ich begleite Kinder ja bis heute im Sterben, dass die Kinder meiner Wahrnehmung nach meist gut von dieser Welt gehen. Sie quälen sich nicht. Ganz anders als erwachsene Sterbende. Ich habe oft darüber nachgedacht, woran das liegt. Ich frage mich, ob die gelebte Zeit, die Dauer des Lebens das Sterben nicht schwieriger macht.

B: Du meinst, wer weniger Lebenszeit hatte, hält sich weniger fest? Hat vielleicht auch weniger zu bedauern?

N: Ja. Wobei auch Kinder einen Zukunftsbegriff haben können und sich tausend Dinge vorstellen, die ihnen entgehen. Allerdings nicht, solange sie ganz klein sind, da gibt es noch kein Zeitgefühl. Während viele Erwachsene tatsächlich einfach traurig sind, weil sie Dinge verpassen werden, die sie sich nur vorstellen. Mir fällt da einer meiner ersten Patienten ein. Ende der Achtzigerjahre, eine chirurgische Station: Der Mann hatte einen weit fortgeschrittenen Darmtumor mit Metastasen in der Leber, was in der damaligen Zeit eine aussichtslose Diagnose war. Man hatte den Bauch geöffnet, hineingesehen und schnell bemerkt, man kann nicht heilend operieren. Ich war damals Assistenzarzt, und als ich ins Zimmer kam, bat der Mann mich, ihm zu erläutern, was da während der Visite mit dem Chefarzt gerade verhandelt worden war. Er war 65, was ich nie vergessen werde, weil er gerade pensioniert worden war. Ich saß an seinem Bett und erklärte ihm, wie es um ihn steht. Daraufhin sagte er: »Wissen Sie, Herr Nagel, worauf ich mich gefreut habe? Auf all die Dinge, die ich in meinem Leben bisher nicht gemacht habe, weil ich dachte, ich mache sie dann, wenn mal der Punkt kommt, an dem ich freihabe und nichts mehr leisten muss, sondern genießen darf. Das sollte der Ruhestand sein, mit meiner Frau.« Ich werde nie vergessen, wie er dann so nachdrücklich formulierte: »Es gibt keinen Gott. Das kann doch keiner wollen, dass ich all meine Wünsche, die ich bis heute aufgespart habe, jetzt nicht mehr realisieren kann.« Da war so ein großer Schmerz über das, was er verpassen würde. Die Erkenntnis, ich muss sterben, war verbunden mit der Enttäuschung über diesen ungeheuren Verzicht.

B: Er hatte wohl wie viele von uns seine Endlichkeit lange verdrängt. Ich bin überzeugt, dass die Beschäftigung mit dem eigenen Ende immer eine Beschäftigung mit dem Leben ist. Die Frage: »Wie kann oder wie will ich sterben?« ist untrennbar mit der Frage verknüpft: »Wie will ich leben?«

N: Denkst du schon immer so?

B: Früher habe ich mir solche Fragen gar nicht gestellt. Nicht einmal, als ich die ersten mir nahestehenden Toten erlebt habe. Meine Großeltern väterlicherseits zum Beispiel waren beide über achtzig. Als sie starben, habe ich das gar nicht so wahrgenommen, weil ich noch so klein war. Bei meinem Großvater mütterlicherseits war es ein bisschen anders. Da erinnere ich mich zumindest an die große Trauer meiner Mutter. Als dann meine Oma starb, war ich Anfang zwanzig. Ich weiß noch, ich wollte sie nicht tot sehen, ich wollte sie so in Erinnerung behalten, wie ich sie in meinem Herzen trage.

N: Das gibt es oft.

B: Dass unsere Oma gegangen ist, hat mich sehr mitgenommen. Das war der erste Tod, den ich so richtig als erwachsener Mensch miterlebt habe, und dann gleich der Tod eines Menschen, den ich so sehr liebte. Ich konnte damals beobachten, wie ich eine Abwehr entwickelte gegen diesen Umstand, dass wir sterben müssen. Dass jemand einfach nicht mehr da ist. Aber ich hatte auch etwas versäumt. Ich hatte meine Oma zwar einige Zeit vor ihrem Tod noch besucht. Aber ich hatte sie nicht so oft besucht und gesehen und gespürt, wie es unserer Beziehung entsprochen hätte. Da war ein großer Schmerz, der hat mich geprägt. Schon damals dachte ich: Das passiert dir nicht noch einmal.

N: Heute sind so enge familiäre Beziehungen ja seltener als in unserer Generation, aber auch für mich war die Beziehung zu meiner Großmutter wichtig. Meine Großmutter war aus Ostpreußen geflohen und hatte unterwegs im Winter 1945 sehr viel Leid gesehen, auch im engsten Familienkreis. Neugeborene Kinder wie ältere Verwandte starben auf der Flucht, meine Großmutter verlor fast alles, am Ende sogar ihren Mann. Die Kinder lebten noch, aber es gab keine Eltern, keine Heimat und keinen finanziellen Rückhalt mehr. Trotzdem hatte diese Frau etwas Zupackendes, eine positive Zuversicht ins Leben. Für mich war sie neben meinen Eltern die Person, die mir Grundvertrauen vermittelt hat. Sie ist dann ziemlich dramatisch auf einer Reise an einem akuten Herzinfarkt gestorben. Und ich war Medizinstudent und hatte wild dafür gekämpft, dass sie aufhört zu rauchen.

B: Warum das?

N: Das lag an einer Leiche, die ich präpariert hatte. Der erste Tag meines Medizinstudiums: Acht Uhr, Vorlesung Anatomie, und wir dachten, man kriegt maximal ein paar Knochen gezeigt. Stattdessen kam der Professor rein, begleitet von zwei stämmigen Herren, die eine Leiche schoben. Es dauerte höchstens sechzig Sekunden, da wurde der Leichnam abgedeckt, und der Tote lag vor uns. Das war eine sehr direkte Konfrontation mit Anatomie, vor allem aber mit dem, was wir lernen sollten: nämlich, dass der Ausgangspunkt der Medizin der menschliche Organismus und dass dieser vergänglich ist. Da ich zu Zeiten studiert habe, in denen man in den ersten Semestern gar keine Patienten zu sehen bekam außer im Praktikum, war die Auseinandersetzung mit dem Leichnam unser intensivster Zugang zur Medizin.

B: Die Leiche als Ausgangspunkt der Heilung.

N: Genau, sozusagen die Basis. Als wir dann später selbst einen Leichnam präparieren sollten, hatte »meine Leiche« eine pechschwarze Lunge. Ich war überzeugt, das lag am Rauchen. Der Herr kann auch im Kohlekraftwerk gearbeitet haben oder unter Tage, das kann tausend Gründe gehabt haben. Bei der Körperspende kennt man die persönliche Geschichte des Verstorbenen nicht. Ich jedoch war fixiert auf das Rauchen. In meinem Umfeld rauchten alle, auch zu Hause, bis auf meinen Vater, und meine Omi rauchte eben auch. Und dann bin ich zum Gesundheitsbotschafter avanciert und habe meiner Großmutter aus der ehrlichen Überzeugung heraus, sie schützen zu wollen, jede Zigarette madiggemacht. Was nicht besonders freundlich war. Im

Nachhinein ärgere ich mich darüber. Das Rauchen war für sie einfach ein großer Genuss.

B: Wenn du dir überlegst, warum deine Großmutter vielleicht geraucht hat … Ich meine, du hast ja erzählt, wie ihr Leben war. Vielleicht hat es ihr Halt gegeben?

N: Ja, vielleicht. Aber sie hat mir zuliebe tatsächlich aufgehört.

B: Ehrlich?

N: Jedenfalls hat sie nach anderthalb Jahren gesagt, jetzt möge der Junge sie endlich mal in Ruhe lassen – und aufgehört. Ich glaube, drei Monate später ist sie verstorben. Das habe ich mir nie verziehen.

B: Dabei würden die meisten denken, dass es ein guter, ein richtiger Rat war. Denn Rauchen ist ja nun mal schädlich …

N: Mit Krankheit und Tod geht immer diese schwierige Frage der möglichen eigenen Verantwortung einher. Mir hat die Geschichte mit dem Tod meiner Großmutter aber gezeigt, dass der Lauf der Dinge immer auch etwas Schicksalhaftes hat. Natürlich wüsste ich heute, was ich damals nicht wusste: dass sie weiter hätte rauchen sollen, weil Nikotinentzug ohne medizinische Begleitung erst mal zusätzliche gesundheitliche Probleme bereitet, wenn jemand sechzig Jahre geraucht hat.

B: Ich ahne, warum du dir Vorwürfe machst: Du hast deiner Großmutter in den letzten drei Monaten auch noch den Spaß genommen.

N: Ja, genau. Dabei sterben wir Menschen sowieso. Man würde denken, Medizin verhindert das Sterben. Aber in Deutschland stirbt unabhängig vom medizinischen Fortschritt jedes Jahr etwa ein Prozent der Bevölkerung. Das ist heute nicht anders als 1985. Die Leute sind damals nur früher gestorben, der Zeitpunkt des Todes hat sich verschoben.

B: Und weil wir alle älter werden, ist die Anzahl derjenigen, die in höherem Alter sterben, größer geworden, während immer weniger Menschen jünger sterben. Insgesamt bleibt der Anteil der Sterbenden aber gleich.

N: Die Medizin, so, wie wir sie heute praktizieren, verspricht also bloß, dass ein Mensch wie mein Darmkrebspatient aus den Achtzigerjahren dank moderner Verfahren vielleicht eine zusätzliche Lebenserwartung von fünf bis zehn Jahren bekäme. Trotzdem stellen wir uns immer die Frage, die schon diesen Mann damals umtrieb: Warum? Warum ich? Warum jetzt? Habe ich etwas falsch gemacht, dass ich so schwer erkranke?

B: Eine schwere Erkrankung – das weiß ich selbst – wirft diese Fragen auf. Ich habe mir diese Fragen auch immer wieder gestellt. Und kann sie nicht beantworten, aber sie haben mich auch weitergebracht. Über sie habe ich es besser geschafft, mit meiner chronischen Erkrankung zu leben, sie als Teil meines Lebens anzunehmen. Heute kann ich sagen, dass ich trotz allem erwarte, dass ich alt werde. Wir erwarten doch alle, dass wir ein ordentliches Alter erreichen und genügend Gelegenheit haben, die Dinge zu tun, die wir uns vorgenommen haben. Vor allem früher habe ich nie vom Ende her gedacht. Da war der Himmel weit und blau. Klar, wir leben in einer Leistungsgesellschaft, du musst dich ordentlich anstrengen und brauchst ein paar Ideen. Aber ich bin aufgewachsen mit diesem Gefühl, dass du, wenn nicht alles, dann doch vieles erreichen kannst. Du musst nicht alles erreichen, aber du kannst es, wenn du willst. Dieses Gefühl »alles ist möglich« hatte ich auch in meinen Zwanzigern noch ganz stark. Diese Gewissheit hat mich erst verlassen, als bei mir die Nieren versagt haben. Das war ein unendlich starker Einschnitt. Danach habe ich angefangen, anders auf mein Leben zu schauen.

N: Wie genau hast du das erlebt?

B: Ich habe dieses Bild im Kopf: Die Nieren haben versagt, und ich habe angefangen, mich zu übergeben. Ich merkte, wie mir das Atmen schwer wurde, und ich habe selbst gehört, wie das Wasser in meinen Lungen gluckerte. Ich konnte da lange Zeit gar nicht drüber sprechen, so bedrohlich fühlte sich das an. Aber ich weiß noch, wie ich dort lag, auf der Intensivstation, mit dem Atemschlauch in der Nase, und Frank ging raus, und ich dachte, ich sehe ihn und mein Kind nie wieder. Das war so hart. Da habe ich gemerkt, das Leben hat ein Ende.

N: Das war eben wirklich existenziell. Was du empfunden hast, war nicht nur der potenzielle Verlust deines eigenen Lebens, sondern auch der Verlust von Frank und Merit. Das Bedeutsame am eigenen Sterben ist ja, und das erlebe ich immer wieder, dass wir andere zurücklassen. Wenn man gemeinsam gehen würde, würde man es vielleicht gar nicht als so schlimm empfinden.

B: Wenn ich heute zurückblicke, habe ich den Eindruck, dass ich keine Angst vor meinem Tod hatte, sondern davor, die beiden allein zu lassen, sie nicht mehr zu haben. Merit war gerade erst geboren. Die Geburt eines Kindes ist das größte Geschenk, das dir das Leben macht, jedenfalls habe ich das so erlebt. Und dann zu erleben, dass du so verletzlich bist …

N: Wobei du immer verletzlicher wirst, wenn du Kinder bekommst. Es verändert deine Sichtweise auf das Leben.

B: Stimmt. In gewisser Weise tragen das alle Eltern mit sich herum. Und wir hatten Glück, Merit war da.

N: Wir haben ja so einige Gemeinsamkeiten, du und ich, und interessanterweise ist der Lungenarzt, der dich damals behandelt hat, auch für mich mit einer existenziellen Erfahrung verknüpft. Merits Geburt war 1996 …

B: … und ich lag im Oststadtkrankenhaus in Hannover auf der Lungenstation, weil ich nach dem Nierenversagen dieses Wasser in der Lunge hatte. Das war aber sehr hilfreich, weil der zuständige Professor nicht die Nierenprobleme im Vordergrund sah und ich deshalb nicht sofort zur Dialysepatientin wurde.

N: Und ich lag 1991 auf derselben Station. Zur Bronchoskopie.

B: Wie kam das?

N: Die deutsche Teilung war überwunden, und Anne und ich hatten uns vorgenommen, Silvester 1990 in Berlin zu feiern. Ich hatte also meinen Weihnachtsdienst in Hannover hinter mir, und schon auf dem Weg zu Anne, die damals noch in Lübeck studierte, hatte ich einen ziemlichen Hustenanfall. Auf einmal hatte ich Blut in meiner Hand. Was ist das denn?, denke ich: Hast du jetzt Nasenbluten, oder was? Ich konnte es aber nicht genau eruieren, und der Husten ging erst mal wieder weg. Wir sind von Hamburg nach Berlin geflogen, und als wir am Kurfürstendamm aus dem Bus stiegen, wo wir bei Freunden übernachten wollten, kriegte ich wieder so eine Attacke. Diesmal hustete ich ordentlich Blut. Ich habe mich total erschrocken, weil ich dachte: Das ist ein klares Zeichen für ein Bronchialkarzinom. Und das in meinem Alter, mit noch nicht mal dreißig.

B: Und Anne?

N: Anne hat gesagt: »Lass uns mal ins Krankenhaus gehen.« Ich habe ein Röntgenbild machen lassen. Und weil ich Röntgenbilder lesen konnte, stand daraufhin für mich fest: O.k., das war's. Praktisch der ganze rechte Lungenflügel war verschattet, und man konnte so einen kleinen Bezirk mit einer Verdichtung sehen, das sah aus wie ein Karzinom. Kein Mensch wusste, woher das kam, ich hatte ja nie geraucht. Wir sind anschließend trotzdem durch die Nacht gezogen, rüber in den Osten, wo wir nie zuvor gewesen waren, in einem ganz verrückten Hotel an der Friedrichstraße haben wir Sekt getrunken, und ich weiß noch, das Feuerwerk auf den Straßen hatte etwas von Bürgerkrieg. Und ich hatte das Gefühl, das ist jetzt vielleicht das letzte Silvester meines Lebens.

B: Hast du es außer Anne jemandem erzählt?

N: Als ich nach ein paar Stunden Schlaf morgens aufwachte, habe ich mich dagegen entschieden, meine Eltern anzurufen. Ihnen zum Start des neuen Jahres zu eröffnen, dass ihr Sohn demnächst stirbt, fand ich keine gute Idee.

B: Wie war dir zumute?

N: Hoffnungslos. Irgendwie ermattet. Als hätte ich mich selbst aufgegeben. Dabei bin ich eigentlich jemand, der sehr positiv und voller Hoffnung ist. Aber ich hatte dieses Röntgenbild. Jede weitere Diagnostik schien mir überflüssig.

B: Du warst fest überzeugt, du hast diese Art von Karzinom?

N: Das Bild und der Bluthusten zusammen waren für mich eindeutig. Woran ich allerdings nicht dachte, war Tuberkulose. Ich hatte zwar im Studium einiges darüber gelernt, aber ich hatte keine Vorstellung, wie sich Tuberkulose klinisch darstellt, in meiner Ausbildungszeit gab es die praktisch gar nicht mehr. Heute ist das übrigens wieder anders. An jenem Neujahrsmorgen 1991 jedenfalls habe ich irgendwann doch zum Telefon gegriffen und meinen Chef, Professor Pichlmayr, kontaktiert. Eigentlich wusste ich nicht, wen ich anrufen sollte. Ich wusste auch nicht, wie ich mich verhalten sollte. Ich habe nur gedacht, vielleicht ist es fair, ihm zu sagen, dass ich bald nicht mehr Assistenzarzt bei ihm bin. Und vermutlich hoffte ich auf einen Rat, was ich jetzt machen sollte.

B: Musstest du weinen?

N: Ich glaube schon. Ich konnte mich jedenfalls nicht mehr so zusammenreißen, wie ich das sonst getan hätte. Mit der Aussicht auf den bevorstehenden Tod wird vieles irrelevant. Eine existenzielle Bedrohung bringt das Essenzielle auf den

Tisch. So, wie du es gerade für dich beschrieben hast. Ich habe ihn also angerufen, und er meinte: »Jetzt reden Sie mal keinen Quatsch, kommen Sie einfach sofort her.« Er hat uns sogar in Hannover vom Bahnhof abgeholt, das rechne ich ihm bis heute hoch an. Und der dir bekannte Lungenspezialist wusste auch schon Bescheid. Der hat dann eine Bronchoskopie gemacht und die Tuberkulose diagnostiziert. Damit eröffnete sich für mich wieder eine Lebensperspektive. Ich bin behandelt worden und habe mich langsam erholt. Aber ich habe später noch manchmal darüber nachgedacht, wie es gewesen wäre, wenn ich Krebs gehabt hätte. So wie der Theatermacher Christoph Schlingensief, der ja irgendwann ahnte, dass er an einem Bronchialkarzinom sterben würde. Übrigens glaube ich, dass die meisten Menschen irgendwann solche Grenzerfahrungen machen.

B: Meine nächste Grenzerfahrung war die Dialyse. Beim ersten Mal haben sie fünf Liter Wasser aus mir rausgeholt, und ich bin bewusstlos geworden. Schon der Vorgang ist sehr anstrengend. Ich kam an den Punkt, an dem ich gesagt habe: Das will ich nicht. Dabei ist die Dialyse ein Segen, und ich kenne Menschen, die leben damit sehr gut. Aber du bist abhängig von diesem Apparat. Du siehst dein Blut dort durchlaufen. Es kommt an deinem Hals raus, fließt durch den Apparat und wieder in dich hinein. Ich habe mich fast ein bisschen transzendent gefühlt und dachte, ich bin gar nicht mehr richtig in meinem Körper. Mein Blut, mein Saft, mein Ich verschwindet in dieser Maschine. Dazu kommt diese Abhängigkeit, der totale Verlust von Autonomie. In meinem Fall wurde schon darüber gesprochen, mir einen dauerhaften Dialysezugang zu legen. Aber das wollte ich nicht, alles in mir hat sich dagegen gesträubt.

N: Und das hat sogar geklappt.

B: In gewisser Weise war Merit meine Lebensretterin. Sie war meine Perspektive, mein Fokus. Da ist dieses kleine Mädchen, das mich braucht. Frank brauchte mich auch, wir brauchten uns alle gegenseitig. Mal kam die eine, mal der andere besser zurecht, und Frank hat mir später erzählt, wie er im Kliniktreppenhaus geweint hat, um kurz darauf optimistisch an meinem Bett zu stehen. Wir wussten anfangs nicht, wie das alles ausgehen würde, und mussten uns möglicherweise auf ein ganz neues Leben einrichten. Das hat uns beide sehr geprägt in unserer Haltung.

N: Die Frage ist immer, ob solche Grenzerfahrungen einen stärker machen. Und ob man lernen kann, mit existenzieller Gefährdung umzugehen. Viele Menschen reagieren ganz anders: verdrängen, um sich nicht mit Ängsten konfrontieren zu müssen. Vielleicht auch, um nicht zu merken, welche Anstrengung da auf sie zukommt. Mich beschäftigt die Frage, wie ich selbst reagieren werde, wenn ich mit meinem Tod konfrontiert bin. Und von unserem Gespräch erhoffe ich mir durchaus, mich selbst ein Stück weit vorzubereiten. Zu überlegen: Wo stehe ich eigentlich?

B: Ja, das wünsche ich mir auch. Doch: Wird der Tod dadurch weniger schlimm? Ich bin mir da nicht sicher. Nach der Zeit, die ich als so existenziell erlebt habe, hatte ich aber schon das Gefühl, dass ich mich verändert habe, dass sich mein Verhältnis zum Leben und zum Sterben verändert hat. Vielleicht nicht sofort. Und natürlich schleifen sich viele gute Vorsätze im Alltag wieder ab. Aber insgesamt bin ich, glaube ich, ein bisschen unnachgiebiger geworden. Wenn mir etwas wichtig ist, setze ich es auch durch. Und ich denke nicht mehr unbedingt, alle müssen mich mögen. Aber wenn es um die Familie oder meine Freunde geht, um die Frage, mit wem ich zusammen sein will oder wie ich meine Arbeit gestalte, will ich mich nicht gerne von außen fremdbestimmen lassen. Dann bin ich mir fremd. Und dann komme ich auch anderen nicht nahe und sie mir nicht.

N: Würdest du denn denken, das hat etwas mit dieser existenziellen Erfahrung zu tun? Oder ist das ein normaler Reifungsprozess? Vielleicht zieht man einfach seine Schlüsse aus der Erfahrung, dass man zu oft nachgegeben oder sich nicht richtig artikuliert hat, und am Ende war man enttäuscht. Von sich selbst. Ich glaube sogar, man spürt die Endlichkeit einfach, weil man älter wird. Du hast von diesem Gefühl mit dem weiten blauen Himmel gesprochen, diesem »Was kostet die Welt?«. Wenn ich unsere Enkelkinder sehe, die in den Ferien einfach ins Meer springen, von jedem Felsen runter ohne einen Gedanken daran, wie der Untergrund aussieht … Das kann man nur, wenn man jung ist und gar keine Angst hat.

B: Oder keine Vorstellung davon, was passieren könnte.

N: Vielleicht ist das sogar das Gleiche. Das Alter mit all den Erfahrungen, die du machst, führt dazu, dass du irgendwann realisierst, was alles passieren kann. Während diese unbedingte Zuversicht etwas damit zu tun hat, dass man die eigene Lebensperspektive noch nicht als begrenzt empfindet. Je älter man wird, desto deutlicher wird einem das. Zudem macht dir jede existenzielle Erfahrung die eigene Endlichkeit bewusster.

B: Und du wirst emotional älter. Ich war damals erst 34. Ich hätte das noch nicht gebraucht. Aber seitdem denke ich eigentlich, dass ich keine Zeit verschwenden möchte. Manchmal weiß ich allerdings gar nicht genau, wann ich Zeit verschwende und wann ich sie vielleicht doch nutze, obwohl ich einfach nur eine Serie schaue oder so. Aber das grundsätzliche Gefühl, keine Lebenszeit verschwenden zu wollen, das ist damals entstanden. Noch als ich aus dem Krankenhaus kam, war zweifelhaft, wie lange ich es ohne Dialyse schaffen würde.

N: 14 Jahre ist es gut gegangen!

B: Ja, dank strikter Disziplin und guter Betreuung. Wir haben damals auch viel darüber gesprochen, du und ich, was ich tun kann, wie ich mich verhalten muss, und manchmal hast du mich ein bisschen entspannt. Aber die Regel war hart: nicht mehr als sechzig Gramm Eiweiß am Tag, du kannst dich einfach nie satt essen. Wenn ich ein Schnitzel aß, hatte ich meinen Vorrat an Eiweiß für den Tag aufgebraucht und durfte weder Brot noch Kartoffeln essen. Das war alles andere als eine unbefangene Zeit. Ich musste auch Medikamente nehmen. Aber der Spaß und die Freude an Merit und unserem gemeinsamen Familienleben überwogen alles.

N: Man hat dir das damals kaum angemerkt. So viel Disziplin und Sorgfalt wie du legen nur wenige Patientinnen an den Tag. Aber du hattest ja auch ein Ziel: Merit und ein gelingendes Leben. Ich glaube wirklich, dass existenzielle Erfahrungen hilfreich sind, um sich zu orientieren.

B: Das stimmt. Ich habe immer eine große Dankbarkeit gespürt, dass es die medizinischen Möglichkeiten gab und gibt, mir zu helfen.

N: Trotzdem ist es bitter, wenn dein eigener Körper dich zurückpfeift und dir gewissermaßen sagt: Von wegen, du kannst alles erreichen. Sorry. Kannst du nicht.

B: Das ist eine echte Kränkung.

N: Eine Relativierung der Fiktion menschlicher Omnipotenz. Des Gefühls, eigentlich steht mir die Welt offen. Viele Menschen müssen das erleben, wir entwickeln uns sogar hin zu einer Gesellschaft, in der das zum Normalfall wird. Eben haben wir über die Dialyse gesprochen: Früher hätte man mit einem Ausfall der Nierenfunktion nicht überlebt.

B: Und in vielen Ländern gibt es die Möglichkeit der Dialyse schlicht nicht.

N: Ich frage mich dennoch manchmal, inwieweit die moderne Medizin als Segen oder Fluch wahrgenommen wird. Wann ist ein Erkenntnisfortschritt gleichbedeutend mit einem Fortschritt für Patienten? Die Dialyse ist ohne Frage eine Lebensrettung, so wie du sie auch erfahren hast, beim Nierenversagen. Aber es gibt auch hochbetagte Patientinnen, die nach langer Krankheit eine lebensbedrohliche Niereninsuffizienz entwickeln. Ist dann eine Dialyse noch hilfreich, oder verlängert sie das Dasein ohne eine erstrebenswerte Lebensqualität? Wird hier die Hoffnung auf ein langes Leben durch medizinische Hilfe nicht ins Gegenteil verkehrt?

B: Oft ist es aber auch andersherum. Bei manchen gibt es die feste Erwartung auf ein langes, maximal gesundes Leben.

N: Das stimmt. Manchmal kommen Menschen ins Krankenhaus mit dem Anspruch: Die sollen mich jetzt einfach mal reparieren. Ich erinnere mich beispielsweise an einen Patienten, offensichtlich ein viel beschäftigter Mensch, der damals in Hannover als Erstes fragte: »Wo sind meine Zimmer?« Ich sagte: »Entschuldigen Sie bitte, Sie sind eine Person, wir haben ein Zimmer für Sie reserviert.« Und er entgegnete: »Ja, aber ich brauche noch ein Zimmer für meine Sekretärin, und meine Mitarbeiter müssen auch irgendwo sitzen, denn wenn ich nach der Operation aufwache, geht es ja gleich mit allem weiter.«

B: Was für eine Hybris! Oder war es Angst?

N: Ja, vielleicht, das bleibt offen. Der Patient jedenfalls hat uns alle zur Minna gemacht, weil wir offenbar übersehen hatten, wie wichtig er ist. Aber vor allem hat er keinen Gedanken daran verschwendet, was der Eingriff für Folgen haben könnte.

B: Und dann?

N: Wir haben es so hingedreht, dass seine Sekretärin in irgendeinem Arztzimmer sitzen konnte. Daraufhin hat er sich beruhigt und konnte für die OP vorbereitet werden. Am nächsten Tag war der Eingriff. Eigentlich ging alles gut, eine große Operation an der Leber zwar, aber nicht kompliziert, nichts Aufregendes. Trotzdem hat sich der Mann von der Narkose nicht erholt. Er kam auf die Intensivstation und starb fünf Tage später. Seine Sekretärin hat er gar nicht mehr gesehen. Und auch sonst niemanden. Ein Tod gegen jede Erwartung. An diesen Fall muss ich manchmal denken. War das jetzt gut für den Mann, weil er sich nicht mit seinem möglichen Ende hat auseinandersetzen müssen? Aber was heißt es, wenn man sich von niemandem verabschiedet und nichts ordnen kann, bevor man geht? Das beschäftigt mich.

B: Ich überlege manchmal, ob eigentlich gilt: So wie du lebst, stirbst du auch. Wer immer geschäftig und aufgeregt lebt, wird vielleicht geschäftig und aufgeregt sterben. Weil er sich nicht die Zeit nimmt, sich vorzubereiten, wenigstens ein Stück weit. Gut, bei dem Mann aus deinem Beispiel kam der Tod überraschend. Das war so nicht im Plan. Aber was heißt das überhaupt im Zusammenhang mit dem Tod: »im Plan sein«? Muss man das eigene Ende immer auf der Rechnung haben? Kann man sich überhaupt vorbereiten? Ich frage mich auch: Wie werde ich sein als Mensch, wenn ich mal sterbe? Bin ich dann noch da, so wie ich mir das gerne vorstelle? Im Kreis meiner Lieben, so, wie die meisten Menschen sterben wollen? Oder bin ich vielleicht in einem Zustand, in dem ich gar nichts mehr entscheiden kann?

N: Alles Fragen, die uns in unseren Gesprächen für dieses Buch beschäftigen werden …

B: Ich habe viel über das unterschiedliche Sterben meiner Eltern nachgedacht. Bei meiner Mutter war es ein Abschied auf Raten. Sie ist sehr jung an Alzheimer erkrankt und zehn Jahre später verstorben. Zum Schluss ging es ihr sehr schlecht, sie konnte nicht mehr eigenständig essen, nicht mehr trinken. Gott sei Dank wussten wir, dass es für sie eine Horrorvorstellung gewesen wäre, an Maschinen zu hängen. So wurde an einem gewissen Punkt die Entscheidung getroffen, nicht mehr intensivmedizinisch weiterzumachen. Wir konnten sie auf dem letzten Stück ihres Wegs begleiten, voller Trauer. Aber ich war auch voller Wut – weniger auf den Tod, vor allem auf diese Krankheit, die den Menschen jeglicher Autonomie beraubt. Meine Mutter ist immer mehr verloren gegangen, und irgendwann war sie einfach nicht mehr da. Das hat mich sehr gequält.

N: Und dein Vater?

B: Das war ja lange Zeit später. Er war einfach plötzlich tot. Weil sein Herz stehen geblieben war. So, wie er es sich immer gewünscht hatte. Ich hatte am selben Abend noch lange mit ihm telefoniert. Ich fürchte, das Beispiel meiner Mutter hat mich sehr geprägt. Jedenfalls ist der Verlust an Autonomie, an Selbstbestimmung am Ende des Lebens etwas, das mich stark umtreibt. Kannst du das verstehen? Wie ist das bei dir? Hast du als Arzt eine Patientenverfügung?

N: Ich habe eine christliche Patientenverfügung.

B: Was ist das?

N: Nach den ersten Lebertransplantationen Mitte der Neunzigerjahre haben wir manche Patienten vier bis fünf Monate auf der Intensivstation beatmet. Einige haben wir durchgebracht, andere nicht. Damals kamen dann durch die immer bessere intensivmedizinische Begleitung Diskussionen auf: Wo ist ein Endpunkt? Gibt es irgendwo eine Zäsur? Gibt es vielleicht sogar eine Verpflichtung, irgendwann die Geräte abzustellen? In Hannover kamen zu jener Zeit auch aus dem kirchlichen Kontext wichtige Impulse. Und eben der Begriff »Patientenverfügung«: die Vorstellung, Patienten müssten ein Testament machen, um mit Blick auf eine etwaige medizinische Behandlung zu sagen, was sie wollen und was nicht. Ich war damals in einer Arbeitsgruppe, die die erste christliche Patientenverfügung geschrieben hat. Als wir die der Öffentlichkeit vorstellen wollten, standen die Leute Schlange. Es gab also in der Bevölkerung schon Mitte der Neunzigerjahre genau dieses Gefühl: Wenn ich jetzt krank werde, wenn ich jetzt meine Fähigkeit verliere, selbst zu bestimmen – wie kann ich das regeln? Mit wem kann ich das besprechen?

B: Da frage ich mich doch: Warum erst Mitte der Neunziger?

N: Die sich ständig verbessernde Möglichkeit intensivmedizinischer Behandlung hat zwar neue Überlebenschancen eröffnet, aber auch sehr lange Behandlungen zur Folge gehabt. Erst mit diesen Möglichkeiten stellte sich zunehmend die Frage: Was wünscht sich der Patient? Wie hätte sie oder er entschieden?

B: Was ist nun an dieser Patientenverfügung christlich?

N: Das Vertrauen darauf, dass es nach dem Tod weitergeht.

B: Hilft dir dein Glaube auch als Arzt? Du bist beruflich ja immer wieder mit Tod und Sterben konfrontiert.

N: Ich habe lange gebraucht, um meine persönliche Haltung zu diesen Dingen Patienten gegenüber deutlich zu machen. Ich komme aus einer Generation, über die Johannes Rau mal so schön zu mir sagte: »Glaube findet sonntagnachmittags am Kaffeetisch statt.« Das war nichts, worüber man sich ausgetauscht hätte, auch in meinem Philosophiestudium habe ich das gemerkt: Hätte ich angefangen, von Augustinus oder vom Gottesbeweis zu reden, hätten Mitstudierende gedacht: Meine Güte, was ist das für ein altertümlicher Typ?

B: Du hast das als ausgrenzend erlebt?

N: Ja. Ich dachte damals auch, ich bin ein bisschen antiquiert. Glauben, schön und gut, aber vielleicht ist das auch ein wenig naiv. Naivität muss man überwinden, wissenschaftliche Empirie ist wichtiger. Dann jedoch, auf der Intensivstation des Krankenhauses in Dartmouth, fand ich mich in der Realität der Medizin wieder. Stand vor den Warum-Fragen: Warum stirbt mein Kind? Warum widerfährt mir das? Im Gespräch mit den Eltern half mir der atheistische Existentialismus, zum Beispiel eines Jean-Paul Sartre, nicht weiter. Da gab es nichts, was tröstlich gewesen wäre. Was Perspektiven eröffnet hätte. Alles analytisch, sehr reflektiert, keine Frage, aber für das ärztliche Gespräch nicht wirklich hilfreich.

B: Du kannst dann vielleicht das Biologische, Naturwissenschaftliche erklären.

N: Den Schicksalskontext kannst du nicht erklären. Ich glaube, es war bei dem Herrn mit den 65 Jahren und der Rente. Ich bin am nächsten Tag zu ihm gegangen und habe gesagt: »Es gibt da dieses Lied ›Geh aus, mein Herz, und suche Freud‹ von Paul Gerhardt.« Er hat mich angeguckt ohne einen blassen Schimmer, worum es geht. Und ich habe gesagt: »Da gibt es diese Strophen, weiter hinten, in denen es um die Frage geht, wie verhalte ich mich, worauf zielt mein Leben hin. Und dass ich erst vollkommen bin, wenn ich vor Christus stehe, in seinem Paradies.« Das war die mittelalterliche Überzeugung: Wenn ich sterbe, beginnt mein eigentliches Leben. Gerhardt macht daraus das wunderbare Bild von riesigen Chören, die für Christus singen. Aber, und das sind die letzten Strophen des Liedes, solange ich noch »trage dieses Leibes Joch«, werde ich trotzdem versuchen, mein Leben zu halten und Gott Lob zu singen. Das ist die Quintessenz. Erstaunlich war, was für eine Resonanz diese Worte von Paul Gerhardt hatten. Der Patient konnte auf einmal eine andere Haltung zu seinem ausweglosen, vollkommen unverständlichen, eigentlich nicht zu akzeptierenden Krankheitsstatus einnehmen. Auch ich bekam durch dieses Gespräch eine andere Position. Ich war nicht mehr derjenige, der ausschließlich Fragen nach Schmerzmitteln und dem Fortgang der Behandlung beantwortete. Es gab etwas darüber hinaus. Die Ängste des Patienten, die sich ja nicht auf die technischen Details der Medizin bezogen, fanden einen Widerhall. Das hat mich motiviert, meine christlichen Überzeugungen mehr und mehr auch in meine Arbeit einfließen zu lassen.

B: Das heißt aber, im Grunde genommen lässt du es zu, dass Menschen, die wissen, dass sie bald sterben werden, mit ihren Ängsten und der Frage nach dem Sinn ein Echo bei dir finden. Erleichtert dir das die Arbeit als Arzt? Oder bist du verletzlicher geworden, weil du Mitgefühl zeigst?

N: Unbedingt beides. Aber ich empfinde das nicht als Schwäche. Ich hatte gesehen, dass eine positivistische Einstellung, dieses »Wir kriegen das hier alles hin mit moderner naturwissenschaftlicher Medizin und bekommen damit die Probleme der Menschheit in den Griff« nicht funktioniert.

B: Nach wie vor nicht.

N: Genau. Ich habe das gerade erst wieder erlebt: Nach einer intensiven und, wie ich finde, erfolgreichen Behandlung ist kürzlich eine Patientin in der Nacht zu Hause eingeschlafen. Alle sind aus allen Wolken gefallen. Der Ehemann. Ich auch. Aus allen Wolken fallen heißt in so einem Fall: Da stirbt jemand gegen unsere Erwartungen, die Medikamente haben nicht gewirkt, was auch immer. Aber das Gespräch darüber ist nur bedingt sinnvoll. Medizin beantwortet die Frage nach dem Warum nur bis zu einem bestimmten Punkt. Die existenziellen Antworten gibt sie nicht. Es ist Teil meiner Professionalität, um diese Leerstelle, um dieses Manko, diese Grenze zu wissen. In meiner Studienzeit war »professionelle Distanz« eine Art Mantra der Medizin. Die ganze Entwicklung der Krankenhausmaschinerie funktionierte nur, wenn man den Patienten nicht mehr als Nächsten sah, sondern Schichten fuhr. Ich habe aber mit der Zeit gemerkt, dass ich mich gar nicht mehr auf die Menschen einlasse, wenn ich direkt eine Schranke aufbaue und mich hinter meinen Befunden verschanze. Wenn Ärzte heute bei der Anamnese nur auf ihren Computer schauen und nicht mehr auf den Menschen, der schlimmstenfalls hinter ihnen steht – das ist diese distanzierte moderne Medizin *at its worst.* Wenn ich hingegen morgens höre, dass meine Patientin verstorben ist, bin ich enttäuscht. Auch als Arzt. Ich muss mir selbst die Warum-Frage stellen. Und ich muss damit klarkommen. Für mich ist das heute ein Teil meiner Vorstellung davon, was eine gute Ärztin oder einen guten Arzt ausmacht.

B: Wie gehst du mit Trauer um?

N: Das ist dieses ewige Thema mit dem Schmerz und dem Trost. Du kennst doch diese preußische Grundhaltung: Man lässt sich Schmerz nicht anmerken. In der evangelischen

Kirche, in der ich groß geworden bin, gehörte es zur Palette der moralischen Verhaltensvorgaben, sich zusammenzureißen. Es gilt, den Schmerz nicht wirklich zu empfinden und erst recht nicht auszudrücken. In meiner Generation galt zudem: Jungen weinen nicht. Insofern war es in meiner Familienstruktur kaum möglich, wirklich in Tränen auszubrechen. Es ging nach außen immer darum, andere zu stützen.

B: Dieses »Reiß dich zusammen« ist in mir auch drin. Gerade am Grab herrscht diese Strenge gegen sich selbst. Am Grab verliert man nicht die Fassung, man nimmt die Kondolenzen würdig und gefasst entgegen. Vielleicht kommt das aus dem religiösen Kontext, dass man sich freuen soll, dass der Mensch nun zu Gott geht. Dabei kann ich eigentlich weinen. Gerade die Frauen in meiner Familie konnten sehr emotional sein.

N: Für mich ist das heute auch anders. Die Wahrnehmung der eigenen Endlichkeit hat bei mir etwas verändert. Dieses Verlassensein oder Verlassenwerden. Wenn dein Kind stirbt, wenn dein Mann stirbt oder deine Frau, dein Nächster, ist da ja dieser Gedanke: Du wirst verlassen. Als Trauernder fühlt man sich zurückgelassen, weil man die Realität des Sterbens zu spüren bekommt. Jemand ist physisch nicht mehr da.

B: Deshalb war es für mich wichtig, meinen toten Vater noch einmal anfassen zu können, nachdem er so überraschend gestorben war. Um zu realisieren: Es gab ihn. Und jetzt, gleich, ist er weg. Noch einmal seine Hand nehmen …

N: Was das Trauern betrifft, gibt es natürlich große kulturelle Unterschiede. Ich war immer irritiert, wie Trauer und Verzweiflung in anderen Kulturen nach außen getragen werden. In gewisser Weise passt unsere pietistische Schlichtheit zu mir. Ich würde nicht sagen, ich wüsste gar nicht, wie ich mich anders verhalten soll. Aber in der eigenen Verlustsituation, auch bei der Begleitung anderer Menschen im Sterben, musste ich wirklich lernen, die Emotionen wieder zu spüren. Das war mir nicht einfach so gegeben.

B: Nicht nur unsere Art zu trauern ist Ausdruck unserer Kultur. Wie wir sterben, auch.

N: Dazu fällt mir eine Geschichte ein: Ich habe mit 16 angefangen, im Krankenhaus zu arbeiten. Das städtische Krankenhaus in Hameln hatte damals noch diakonische Schwestern, und unsere Stationschefin war resolut. Die hat mich genau gemustert und dann gefragt: »Junger Mann, Sie wollen Arzt werden?« Jedenfalls hat sie es damals zu meiner Aufgabe gemacht, Menschen, denen es sehr schlecht ging, aus ihrem Drei- oder Vierbettzimmer zu fahren und sie ins Stationsbad zu bringen. Das Sterben wurde, obwohl es auf meiner Station häufiger vorkam, ins Stationsbad verlagert.

B: Dort sind die Menschen dann gestorben?

N: Ja, dort sind sie gestorben. Es gab so viel Zuwendung für die Menschen beim Gesundwerden, so viel Einsatz. Für Sterbende war das nicht vorgesehen.

B: Wie war das für dich? Immerhin warst du noch ein Teenager.

N: Ich konnte das damals nicht formulieren, ich weiß auch gar nicht, ob ich es zu Hause überhaupt erzählt habe, es gehörte sich ja so. Aber ich hatte Angst. Sterben war mit Angst verbunden. Was ich schon damals sehr bedrückend fand. Erst Jahrzehnte später konnte ich in meinen Kliniken dann Räume einrichten, in denen gestorben wird. In denen Leute sich verabschieden können. Inzwischen findet man das hoffentlich in jedem kleinen Krankenhaus. Es sind aber auch schon vierzig Jahre vergangen.

B: Das Sterben wurde versteckt. Sterbende Menschen wurden irgendwohin verbracht, anstatt sie in jemandes Obhut zu geben.

N: Initiation ist wahrscheinlich ein blödes Wort. Aber als ich später im Studium irgendwann Nachtdienste machen durfte, gefiel sich der wirklich nette Nachtpfleger in der Rolle, mich an die Hand zu nehmen und mit mir das Haus zu erkunden. Die besagte Initiation bestand darin, dass er mich allein ins Krematorium schickte; weit weg, wo die Leichen von den Bestattern abgeholt wurden. Ich sollte dort mitten in der Nacht allein den Wagen holen, damit wir anschließend eine Leiche von der Station in die Leichenhalle fahren konnten.

B: Ganz schön gruselig.

N: Ja. Mir wurde erklärt, dass das alles nur nachts passierte, weil es eben heimlich geschehen sollte. Dass jemand starb, wurde nicht öffentlich gemacht. Der Tod war damals im Krankenhaus nicht erfahrbar. Er war nicht in den Alltag integriert.

B: Hing das auch damit zusammen, dass die Ärztinnen und Ärzte, dass Schwestern und Pfleger das im Grunde als

Versagen begriffen? Hat man es als Niederlage erlebt, dass jemand gestorben ist, den man doch eigentlich hätte gesund machen sollen?

N: Das ist bis heute ein Problem moderner Medizin. Je differenzierter die Medizin geworden ist, je größer unsere Heilsversprechen werden, desto schwieriger wird es, die Grenzen des Möglichen zu akzeptieren. Auch weil die Erwartungshaltung der Menschen immer größer wird. Da heißt es dann: Wie, hier soll jetzt keine Behandlung mehr möglich sein? Ihr könnt so viel – und an diesem Punkt soll Schluss sein? Da muss es doch noch irgendeine Therapie geben! Ich glaube, diese Problematik der Niederlage wird mit dem medizinischen Fortschritt eher größer. Irgendwann muss man sich eben doch damit auseinandersetzen, dass die Medizin kein Versprechen auf ein grenzenloses Leben ist.

B: Der amerikanische Arzt Atul Gawande beschreibt in seinem Buch *Sterblich sein* sehr eindrucksvoll seine Grenzerfahrungen als Arzt in den USA und welche Konsequenzen er daraus gezogen hat. Auch die Medizin kommt an ihre Grenzen, und dann kommt es auf etwas anderes an: auf Ehrlichkeit, auf menschliche Nähe und auf Unterstützung im Sterben.

N: Damals in Hameln allerdings, mit diesen nächtlichen Leichenfahrten auf dem scheppernden Wagen, ging es eher um die gesellschaftliche Ausgrenzung des Todes generell. Ich weiß nicht genau, inwieweit die Negierung des Sterbens mit der emotionalen Schwierigkeit zusammenhängt, es wirklich ins Leben zu integrieren. Aber ich glaube, dass die schwere Traumatisierung durch die beiden Weltkriege, dieses besonders massenhafte Erleben des Todes, etwas damit zu haben könnte, dass man diese Themen auch viele Jahrzehnte nach dem Krieg noch wirklich ausgegrenzt hat.

B: Eckhard, wir haben jetzt viele Themen angetippt, um die es in unseren Gesprächen gehen soll, auch jenseits unserer persönlichen Erfahrungen und Perspektiven: vom medizinischen Fortschritt bis zur Rolle der Religion, über Patientenverfügungen, den Umgang mit Trauer und die Frage, wie Leben und Sterben miteinander zusammenhängen.

N: Ich glaube, Elke, jetzt solltest du noch von deiner anderen existenziellen Erfahrung erzählen. Du lebst seit elf Jahren mit einer transplantierten Niere.

B: Das stimmt. Persönlich war die Transplantation für mich der zweite große Einschnitt. Im Frühjahr 2010 wurden meine Nierenwerte schlechter. Mein behandelnder Professor hatte dafür ein schönes Bild: »Ihre Nieren«, sagte er, »sind wie eine Hängebrücke, bei der verschiedene Streben weggebrochen sind. Wenn zu viele Streben kaputtgehen, kommt man schnell an den Punkt, an dem die verbleibenden nicht mehr stark genug sind, das Ganze zu halten.« Ich dachte zunächst: Was soll das denn jetzt? Aber eigentlich war mir immer klar, dass irgendwann eine Transplantation nötig wird. Schon als wir seinerzeit aus dem Krankenhaus kamen mit Merit in diesem Körbchen, das man ins Auto stellt, glücklich auf dem Weg nach Hause, ohne Dialyse, sagte Frank plötzlich zu mir: »Wenn du eines Tages eine neue Niere brauchst, kriegst du sie von mir.« Damals habe ich noch behauptet: »Ich brauche nie eine neue Niere! Das hält!« 14 Jahre hat es tatsächlich gehalten. Immerhin.

N: Dann aber war klar, dass eine Transplantation nötig wird.

B: Das Schwerste war für uns, mit Merit darüber zu sprechen. Es war eine extrem schwierige Situation für uns alle. Dann haben Frank und ich uns den nötigen Untersuchungen unterzogen. Wundersamerweise passte alles. Klar war dann, dass Frank für eine Zeit rausgeht aus der Politik. Und dass die Transplantation eine Privatangelegenheit bleiben soll. Nach der OP sind wir so langsam ins Leben zurückgekehrt. Das war alles ein Segen, ein Glück, eine Gnade, ein Geschenk. In jeder Hinsicht. Und du, Eckhard, hast uns unterstützt.

N: Erlebbar für euch vor allem dadurch, dass ich am Abend und in der Nacht nach der Transplantation bei euch im Krankenhaus gewesen bin, sowohl bei dir auf der Intensivstation als auch bei Frank. Ich habe die Verbindung zwischen Spender und Empfängerin gehalten.

B: Das verbindet uns alle bis heute. Jetzt lebe ich seit elf Jahren so, und es geht nach wie vor sehr gut. Trotzdem will ich mit dir über den Tod und das Sterben reden. Oder vielleicht: gerade deshalb.

II.

Sterben und Tod heute – eine Bestandsaufnahme

1. »Der Tod gehörte zum Alltag.« Von der *Ars moriendi* zur Ausgrenzung von Sterben und Tod

B: Lass uns mit einer Bestandsaufnahme beginnen, Eckhard. In was für einer Gesellschaft leben und sterben wir heute? Es ist eine moderne Gesellschaft, die nicht selten als säkular bezeichnet wird.

N: In der Moderne hat die Bedeutung der Religion abgenommen. Spätestens seit den Siebziger-, Achtzigerjahren des 20. Jahrhunderts, also mit unserer Generation, greift weiträumig das, was wir Säkularisierung nennen. Als ich 1960 geboren wurde, waren 85 Prozent der Menschen in Deutschland einer christlichen Konfession zugehörig. Jetzt sind es gerade noch etwas mehr als fünfzig Prozent. Aber sind wir deshalb säkular? Die Gesellschaft hat sich verändert, in vielerlei Hinsicht, christliche Normen und Rituale sind weniger verbindlich. Wenn es aber um den Tod und das

Sterben geht, haben sie für viele Menschen Bedeutung und bieten wichtige Orientierung.

B: Ja, am Ende fallen die Menschen darauf zurück. In meinem Umfeld erlebe ich fast ausschließlich religiöse Beerdigungen. Das gilt vor allem für die ältere Generation. Viele, auch viele Christen, haben sich an ein Leben ohne Gott gewöhnt, sterben wollen sie ohne Gott deshalb nicht unbedingt. Wir sind an dieser Stelle nicht säkular. Durch Zuwanderung haben wir auch immer mehr mit anderen religiösen Vorstellungen vom Sterben und vom Tod zu tun. Wie gehen Menschen, die eingewandert und zum Beispiel muslimischen Glaubens sind, mit ihren Toten um? Wie bestatten, trauern, erinnern sie? Auch diese religiöse Vielfalt ist für moderne Gesellschaften charakteristisch.

N: Ich würde ja sagen: Ob man sich nun einer christlichen Konfession zugehörig fühlt, dem Buddhismus, dem Islam oder welcher Religion auch immer – im Alltagsleben spielt das für die meisten keine große Rolle mehr. In dem Moment jedoch, da es um die Frage der Endlichkeit geht, wird es für die Menschen Thema. Es ist einer der spezifischen Aspekte von Religion, sich eine Vorstellung davon zu machen, was nach dem Ende unseres irdischen Lebens mit uns geschieht.

B: Da hast du sicherlich recht. Wenn es ans Sterben geht, gewinnen religiöse Traditionen an Bedeutung.

N: Für unsere Bestandsaufnahme jedenfalls müssen wir uns zunächst einmal klarmachen, woher das alles kommt.

B: Unser Verhältnis zum Tod hat sich doch enorm verändert. Wenn wir uns anschauen, wie die Menschen in früheren Jahrhunderten gestorben sind, gerade als Kriege und große Epidemien die europäischen Länder durchzogen und ganze Landstriche entvölkerten: Da war das große Thema die Angst vor einem plötzlichen Tod. Gerade weil der Tod etwas Unberechenbares hatte, hoffte man, vorbereitet zu sein. Die Sterbesakramente waren zentral, man wollte auf keinen Fall ohne Segnungen gehen. Im Mittelalter gab es dafür sogar einen eigenen Begriff: *Ars moriendi*, die Kunst des Sterbens. Alles kreiste um die Frage: Wie gehe ich hinüber?

N: Votivtafeln veranschaulichten, wie man sich auf das Sterben vorbereiten sollte. Diese Vorbereitung war das Entscheidende: sich reinigen, sich die letzte Ölung geben lassen, eine möglichst gelassene Haltung annehmen. Natürlich waren das alles Zeremonien, die man sich bildungsmäßig und monetär leisten können musste. Die Kunst des Sterbens war etwas für Menschen, die dazu in der Lage waren. Aber interessanterweise war genau das, was wir heute für wünschenswert halten, nämlich einfach im Schlaf zu sterben, friedlich einzuschlafen, wie man so schön sagt, damals die Horrorvorstellung schlechthin. Einfach vom Teufel gepackt und aus dem Leben gezerrt zu werden, das galt als Höchststrafe. Das Christentum ist sehr stark vom Erlösungsgedanken geprägt. Gott hat den Tod überwunden durch Christus, man kann als Christ grundsätzlich positiv auf das Jenseits blicken. Aber im Lauf der Kirchengeschichte ist die dunkle, finstere Seite des Todes immer stärker in den Vordergrund getreten. Die Menschen fürchteten die Hölle.

B: Das hat nicht nur die Art zu sterben geprägt, sondern die Menschen erpressbar gemacht. Man denke nur an den Ablasshandel. Die Vorstellung, dass ich etwas tun kann und muss, um das ewige gute Leben zu erlangen, wurde ins

Absurde verkehrt mit der Vorstellung, dass ich mir dieses ewige Leben erkaufen kann. Die Behauptung der Kirche war: Indem du einen Ablassbrief erwirbst, werden dir deine Sünden erlassen, sonst musst du in der Hölle schmoren.

N: »Wenn das Geld im Kasten klingt, die Seele aus dem Feuer springt.« Ungefähr so hat es der berüchtigte Ablassprediger Johann Tetzel um 1500 herum formuliert.

B: Du konntest dir deinen Platz im Jenseits kaufen.

N: Du konntest auch für andere zahlen, auch für deine Eltern zum Beispiel konntest du noch etwas tun.

B: Als aufgeklärte Katholikin würde ich sagen: Eigentlich war das pagan, heidnisch.

N: Absolut!

B: Kein Wunder, dass diese Praxis der katholischen Kirche zum Auslöser für die Rebellion und den Aufstand durch Luther wurde. Aber zurück zu unserem Thema: Ich erinnere mich noch an Trauergottesdienste, die ich miterlebt habe, mit der Bitte: »Gott, bewahre uns vor einem schnellen Tod.« Dabei war genau das in den vergangenen Jahrhunderten gang und gäbe. Eigentlich sogar bis Anfang des 20. Jahrhunderts.

N: Ja, der Tod gehörte zum Alltag. Wir haben schon den Theologen und Kirchenlieddichter Paul Gerhardt erwähnt: Wenn man sich dessen Lebensgeschichte anschaut, 1607 bis 1676, hat man da einen Mann, der für die damalige Zeit spät heiratet, nämlich mit 48 Jahren. Das Paar bekommt fünf

Kinder. Von diesen Kindern lebt, als Gerhardt sechzig wird, noch ein einziger Sohn. Ein Jahr später stirbt seine Frau. Und um ihn herum sterben die Menschen im Kontext schwerer Krankheiten immerzu. Für ihn als begleitenden Geistlichen Alltag. Das war eine völlig andere Auseinandersetzung mit der eigenen Endlichkeit, als wir sie heute haben.

B: Der entscheidende Unterschied war: Es gab früher kein gutes Leben, wie wir es heute kennen. Die verbreitete Vorstellung war: Erst das ewige Leben würde ein gutes sein.

N: Wenn du das so sagst, denke ich: Der Tod oder unsere Wahrnehmung vom Tod hat sich auch deshalb verändert, weil sich unser Leben verändert hat. Es ist vergleichsweise neu, dass wir unser Leben genießen können. Wenn man die Lebensumstände früherer Jahrhunderte betrachtet, war das irdische Leben eher eine Bürde.

B: Das Leben, ein Jammertal.

N: Natürlich hat das die Aussicht auf ein schönes hoffnungsreiches Paradies attraktiver gemacht. Da war man vermutlich eher bereit als heute zu sagen: Das war's.

B: Das haben die großen Sozialbewegungen an der Kirche ja auch kritisiert: Ihr verhindert, dass die Menschen das gute Leben im Hier und Jetzt suchen. Ihr vertröstet sie auf das Jenseits. Wie hat Marx es ausgedrückt? Die Religion »ist das Opium des Volkes«. Da hatte er nicht ganz unrecht. Die einstige Hingebung an den Tod und die Schicksalsergebenheit waren religiös motiviert. Das Leben war zum Teil wirklich ein Schreckenstal, aber das lag nur in Gottes Hand. Heute hingegen gilt, was du gerade gesagt hast: Wir dürfen im Hier und Jetzt leben. Es gibt keine übergeordnete Instanz, die uns das Streben nach Glück verbietet.

N: Es gibt eine Perspektive auf Erden. Das gute Leben scheint erreichbar. Das ist grundsätzlich eine andere Situation als im Mittelalter.

B: Außerdem kommt in der modernen Gesellschaft der Tod in der Regel eher am Ende eines mehr oder weniger langen Lebens. Das durchschnittliche Sterbealter der Männer liegt derzeit in Deutschland bei 78 Jahren, bei Frauen bei 83. Nicht, dass es früher keine alten Menschen gegeben hätte. Aber vor allem die hohe Kinder- und Säuglingssterblichkeit führte dazu, dass die Menschen im Durchschnitt nicht so alt wurden. Wie gesagt, der plötzliche Tod war normal. Und das zog sich durch: Krankheiten, die wir heute beherrschen können, haben unter Umständen in wenigen Tagen zum Tod geführt.

N: Dazu kommt, dass wir ab einem gewissen Punkt Infektionskrankheiten nicht mehr als wirkliche Bedrohung erleben mussten, sondern medizinisch andere Krankheiten in den Vordergrund getreten sind, etwa in der Onkologie.

B: Das hat sich also alles schon sehr verändert, und insofern hätten wir heute eigentlich mehr Zeit, uns auf den Tod vorzubereiten.

N: Schon die Erwartungshaltung war früher eine andere: Wer wird erwachsen? Wer kann ein Leben realisieren? Heute dürfen wir bei jedem Neugeborenen von einer langen Lebenserwartung ausgehen. Da ist es nur natürlich, dass sich die Perspektive auf den Tod völlig verändert hat. Allerdings ist die Integration des Sterbens in unser regelmäßig langes Leben dadurch zur Herausforderung geworden: Wie schaffen wir es, den Tod im Blick zu behalten? Ihn nicht, wie wir das vielleicht in den letzten Jahrzehnten gemacht haben, zunehmend zu verdrängen? Oder ihn gar nicht wahrzunehmen, um dann doch völlig unvorbereitet mit unserer Endlichkeit konfrontiert zu werden?

B: Mir scheint, wir reden in den Familien auch immer weniger über die letzten Dinge. Auch ich kenne diese innere Abwehr. Wenn mein Vater, der ja nun wirklich alt geworden ist, über sein Ende, und was dann ist, sprechen wollte, neigte ich schon zur Abwehr: »Ach Papa, jetzt rede doch nicht so.« Einerseits speist sich das sicher aus der Angst, einen Menschen zu verlieren, der einem viel bedeutet. Andererseits gibt es eine Scheu, offen über diese Themen zu sprechen. Obwohl ich von mir sogar denke, ich hätte mich damit auseinandergesetzt. Aber so ein Gespräch mag man dann doch nicht zulassen: Wie möchtest du gehen? Wie möchtest du sterben?

N: Dazu fällt mir eine Geschichte ein: Als ich im zweiten oder dritten Semester Medizin studierte, habe ich zum ersten Mal von der Organspende gehört. Und dass man sich dazu irgendwie verhalten müsse. Ich fand das total spannend, wusste darüber aber noch relativ wenig. Dann war ich am Wochenende zu Hause bei meinen Eltern eingeladen. Ich dachte also, super Thema fürs Sonntagsfrühstück, und sagte: »Ich habe da völlig neue Erkenntnisse aus meinem Studium zur Organspende nach dem Tod. Ich möchte das gerne machen. Wie steht ihr denn dazu?« Meine Mutter wurde schlagartig bleich: »Müssen wir das jetzt bereden? Das bereden wir heute Morgen bitte nicht!« Sie war scharf und schroff. Obwohl wir sonst über medizinische Themen zu Hause gut sprechen konnten, weil ein allgemeines Interesse daran bestand. Aber über mein Sterben, über den etwaigen Tod ihres Sohnes, darüber wollten meine Eltern überhaupt nicht sprechen. Das schockierte sie geradezu.

B: Es war ein Tabu. Eltern sind unfähig, über den Tod ihrer Kinder nachzudenken. Das geht mir genauso. Die Vorstellung ist so schlimm, dass ich sie unbedingt vermeide.

N: Nie werde ich dieses Gefühl vergessen: Ich spreche etwas an, das man nicht ansprechen darf.

B: Interessanterweise scheinen kleine Kinder da weniger Berührungsängste zu haben.

N: Wie meinst du das?

B: Ich kann mich da an eine Szene erinnern: Merit war vier, wir waren gerade nach Berlin gezogen, und sie hatte eine Phase, in der sie viel über den Tod und das Sterben geredet hat. Ich weiß gar nicht, was der Auslöser war. Vielleicht, dass wir unsere Toten ganz regelmäßig auf dem Friedhof besucht haben. Sie wird sich ihre Gedanken gemacht haben. Jedenfalls weiß ich noch, meine Schwiegermutter war dabei und Frank, Merit saß auf seinen Schultern, und sie sprach über den Friedhof. Plötzlich sagte sie: »Da liegt Oma Berta«, ihre Urgroßmutter, und als ihre Oma das bestätigte, sagte Merit: »Und du, Oma, liegst auch bald da?« Mir blieb fast das Herz stehen. Aber meine Schwiegermutter reagierte völlig selbstverständlich und sagte: »Ja, Merit, ich liege dann auch dort.« Ich fand das sehr schön von ihr, von beiden.

N: Wenn wir darüber reden, wie wir das Sterben und den Tod im Lauf der Jahrhunderte aus der Mitte der Gesellschaft an den Rand gedrängt haben, hat das auch eine konkrete räumliche Dimension.

B: Stimmt. Die wenigsten Menschen sterben noch zu Hause.

N: Da gibt es eine große Diskrepanz. Wenn ich gefragt würde, wie ich sterben möchte, hätte ich eine Vorstellung, die wohl die meisten Menschen teilen: Der verbreitete Wunsch ist, dass man zu Hause stirbt, umgeben von den Menschen, zu denen man liebende Beziehungen hat, also nicht allein. Und zwar schmerzfrei, es soll kein quälender Übergang sein. Es gibt dieses Ideal, zu Hause zu sterben, im Kreis der Familie …

B: Meines Wissens wünschen sich das drei Viertel aller Menschen in Deutschland. Stattdessen sterben die meisten weiterhin in Krankenhäusern und Pflegeheimen. Auch da hat sich fundamental etwas verändert. Noch mein Großvater ist nicht nur zu Hause gestorben, er ist sogar dort aufgebahrt worden, bevor er dann bestattet wurde. Und alle waren um ihn herum. Er ist nicht allein gegangen, er ist nicht in irgendeiner Institution verschwunden. Es gab eine Art Öffentlichkeit. Die Nachbarn wussten, da liegt ein sterbenskranker Mensch, und das Sterben war Teil des Lebens. Heute sterben Menschen in Krankenhäusern, in Altenheimen, in Hospizen. So wie alte Menschen ein Stück weit an den Rand gedrängt werden, so wird auch das Sterben marginalisiert.

N: Ich habe mir früher viele Gedanken darüber gemacht, warum man Friedhofskapellen gebaut hat. Ich fand das irritierend, weil ich dachte, eigentlich gehört der Tod doch in die Kirche. Wenn man jeden Sonntag eine Predigt hört über die Überwindung des Todes, und dann kommt der Verstorbene nicht in die Kirche, sondern in die Friedhofskapelle, ist das ja auch eine Form der Ausgrenzung. Später, im Gespräch mit Pastorinnen und Pastoren, habe ich verstanden, dass es um einen anderen Punkt geht: Die Kirche ist der Ort des gemeinsamen Gebets der Lebenden. Friedhofskapellen wurden gebaut, damit man jemanden aufbahren und als Gemeinde Abschied nehmen kann. Früher wurden die Menschen tatsächlich zwei bis drei Tage im offenen Sarg aufgebahrt. Das wäre in der Kirche nicht gegangen. Aber es gab in der Kapelle die Möglichkeit zum Abschiednehmen.

B: Ich erinnere mich auch an Totengebete am offenen Sarg: Man gedenkt des Toten und kann ihn dabei noch mal anschauen. Nur als damals meine Oma starb, da konnte ich das nicht.

N: Da wollte ich ohnehin noch mal nachfragen: Du hast ja schon erwähnt, deine Großmutter wolltest du nicht mehr sehen, als sie gestorben war, bei deinem Vater hingegen war es dir wichtig. Wie erklärst du dir diesen Unterschied? Hat das etwas mit deinem Lebensalter zu tun?

B: Ich glaube schon. Als kleines Mädchen war ich gänzlich unbefangen. Als meine Großmutter väterlicherseits starb, weil sie alt war, weil der Lebenshauch einfach zu Ende war, habe ich sie im Sarg gesehen, ohne dass das für mich einen Schrecken gehabt hätte. Aber da war ich noch ein Kind. Und meine andere Großmutter war wichtiger für mich. Sie war eine emanzipierte Frau mit einer Berufsausbildung, man dachte immer, sie könnte nicht heiraten, weil sie so einen chronischen Husten hatte.

N: Tuberkulose, oder? Entschuldige, kleiner Scherz …

B: Eine Allergie. Als sie vernünftige Federbetten hatte und keine Strohmatratze mehr, ging der Husten weg. Mein Großvater hat sie auf Händen getragen. Sie haben geheiratet, da war sie fast dreißig, also für die damalige Zeit auch schon älter. Jedenfalls war diese Frau sehr wichtig für mich. Meine Großmutter war mir so nah, dass ich ihren Tod nicht akzeptieren konnte – wahrscheinlich auch weil ich sie im Leben nicht richtig verabschiedet hatte. Ich war jung und sorglos. Bei meinem letzten Besuch ahnte ich nicht, dass ich sie nie wiedersehen würde. Das ist mir später schwer auf die Seele gefallen. Deshalb konnte ich sie nicht tot sehen. Das habe ich nicht ertragen. Bei meinem Vater war es anders. Er ist überraschend gestorben, mit fast neunzig, die letzten Jahre waren beschwerlich, und so hatte es für uns alle, nach dem ersten großen Schreck, seine Ordnung. Vor allem war es für ihn gut so. Er wollte schnell sterben, er wollte nicht pflegebedürftig werden. Wir waren fast täglich telefonisch in Kontakt. Mir war es wichtig, ihn noch tot zu sehen – um Abschied zu nehmen. Das konnte ich dann auch. Ich war bereit.

N: Ich erlebe bei Angehörigen von Patientinnen und Patienten oft, dass sie ihre Toten in Erinnerung behalten wollen, wie sie sie kannten, lebensfroh, dem Leben zugewandt. Sie verzichten aufs Abschiednehmen aus Angst, vielleicht brennt sich dieser letzte Moment ein. Ich hingegen ermutige die Angehörigen dazu, weil ich eine andere Erfahrung gemacht habe. Als meine Großmutter überraschend gestorben war, habe ich sie aufgebahrt in der Friedhofskapelle gesehen. Obwohl ich damals schon Medizin studierte und mit Leichnamen gearbeitet hatte, tat ich mich schwer, diese physische Veränderung mit meiner Großmutter in Verbindung zu bringen; ja, man kann schon sagen, die Kälte des verstorbenen Körpers nicht erschreckend zu finden. Ich kann mich an das Bild der Toten bis heute erinnern. Aber es hat die schönen Bilder nicht verdrängt, die ich von meiner Großmutter habe. Deswegen sage ich zu Angehörigen immer: Nehmen Sie sich diesen Moment, um sich in einer direkten Begegnung zu verabschieden, weil es ein wichtiger Moment ist, um zu begreifen. Im wahrsten Sinne des Wortes. Es ist ein großer Unterschied, ob du deine Hand auf die eines verstorbenen oder eines lebendigen Menschen legst. Du spürst diesen Unterschied. Das hilft, das Geschehen auch innerlich eher zu akzeptieren. Gerade bei einem unerwarteten Tod.

B: Was mich interessieren würde, wenn wir jetzt aus der Tiefe der Jahrhunderte kommen und uns anschauen, wie früher gestorben wurde im Vergleich zu heute: Wie hat sich das in der Medizin verändert, in deiner beruflichen Praxis? Allein in deiner Lebenszeit ist wahnsinnig viel passiert.

N: Allerdings. Ich habe das schon angedeutet: Noch als ich anfing mit der Medizin, war das Krankenhaus kein Raum zum Sterben, sondern nur ein Behandlungsort. Der Tod war, um es pointiert zu sagen, ein Versagen in der Gesundheitsversorgung. Das war einer der Gründe, warum in den Sechziger- und Siebzigerjahren die Hospizbewegung entstand, und zwar als Volksbewegung. Die professionelle Medizin hat sich für das Sterben gar nicht zuständig gefühlt. Das geht auf Hippokrates zurück. Ärzte und Ärztinnen haben jahrzehntelang den Eid des Hippokrates abgelegt:

auf einen Arzt aus der griechischen Antike, der auf der Insel Kos ein Heiligtum umgewandelt hatte, heute würden wir sagen, zu einer Kultstätte, um unerklärliche Krankheiten zu behandeln. Hippokrates hat Regeln für den Umgang mit Menschen aufgestellt und dadurch den Arztberuf erstmalig definiert. Und er hat ein Beziehungsmoment kreiert zwischen einem Kranken und seinem Arzt. Aber der Arzt sollte sich abwenden von dem Kranken, wenn er den Tod kommen sieht – als Gesetzmäßigkeit ärztlichen Handelns. Historisch war das verständlich. Einerseits wurde durch den Tod das Scheitern der Behandlung deutlich. Andererseits war der Tod gemäß der hippokratischen Lehre ein Geschehen, das außerhalb menschlicher Einflussmöglichkeiten lag. Damit hatte der Arzt nichts mehr zu tun.

B: Das erklärt einiges. Ich hätte heute aber eine andere Erwartung an einen Arzt oder eine Ärztin. Ich würde mir wünschen, dass er oder sie mich nicht rauslässt aus der Fürsorge, wenn er oder sie erkennt: Ich kann nicht mehr heilen, ich kann nicht mehr gesund machen. Da möchte ich eigentlich, dass Ärzte, denen ich mein Leben, meine Gesundheit, mein Sein anvertraut habe, an meiner Seite bleiben. Alles andere würde ich als tiefe Zurückweisung erleben. Vielleicht überfordere ich damit die Menschen, die in der Medizin tätig sind. Aber meine Erwartung wäre schon, dass ich eine ärztliche Begleitung hätte, wenn es dann ans Sterben geht.

N: Mitte der Neunzigerjahre saß ich in einer Arbeitsgruppe zum Thema Therapiebegrenzung. Im Zusammenhang mit Transplantationen, schwierigen Behandlungen und langen Verläufen ging es um so heikle Fragen wie: Wann darf man eigentlich noch therapieren? Wann wird es für die Patientinnen und Patienten zur Qual? Von ärztlicher Seite ist es da sehr schwer, eine Grenze zu ziehen. Es gehört eben zum ärztlichen Selbstverständnis, jedes erdenkliche Angebot zur Besserung und Heilung zu machen. Man ist in der Verpflichtung: im Zweifel für das Leben. Das ist die Grundeinstellung des Berufsstands. Mitten in der Diskussion in dieser Arbeitsgruppe habe ich dann irgendwann gesagt, eigentlich müssten wir auch über ärztliche Sterbebegleitung reden. Ein Jurist, ein späterer Universitätspräsident, schaute mich daraufhin fassungslos an: »Was ist denn das für ein Blödsinn?«, fragte er. »Ärztliche Sterbebegleitung? Das gibt es doch nicht.« Für den galt noch frei nach Hippokrates: Medizin ist zuständig für Heilung und Behandlung. Für das Sterben und den Tod ist sie es nicht.

B: Früher war es dann ja wenigstens so, wenn die Ärztin oder der Arzt sich abwandte, kam die Kirche oder die Religion ins Spiel. Zumindest in unserem Kulturkreis, entweder das ewige Leben versprechend oder die Hölle. Der Pfarrer übernahm. Heute ist das anders. Andreas Heller und Klaus Wegleitner zitieren so schön in einem Aufsatz: »Wir leben biologisch länger, doch ist unsere Lebenszeit um eine Ewigkeit kürzer geworden.«[1]

N: Da, wo mit dem Bedeutungsverlust der Religion ein Vakuum entsteht, das die klassische Medizin nicht schließen kann oder will, setzt die Hospizbewegung an. Und die Palliativmedizin ist die medizinische Antwort darauf. Nun trifft die Entwicklung neuer Fachgebiete immer auf große

---

1 Heller, A., Wegleitner, K.: »Sterben und Tod im gesellschaftlichen Wandel«, in: Bundesgesundheitsblatt – Gesundheitsforschung – Gesundheitsschutz, 1 (2017), S. 11–17. Das Zitat stammt von Arthur E. Imhof (1991): *Ars moriendi. Die Kunst des Sterbens einst und heute.* Wien. https://link.springer.com/article/10.1007/s00103-016-2484-7 (Zugriff am 05.11.2021)

Widerstände. Gerade die Innere Medizin war anfangs der Meinung, das sei alles überflüssig. Palliativ und Hospiz wurden auch verwechselt, vielleicht, weil es parallele Strömungen waren. Dabei ist die Trennung klar: Die Palliativmedizin versteht sich so, dass man den letzten Lebensabschnitt, in dem es keine Aussicht auf Heilung mehr gibt, so gestaltet, dass Leid vermieden, Symptome bestmöglich behandelt und der psychosoziale Aspekt in den Vordergrund gestellt werden. Man gewinnt Lebensqualität, weil Schmerzen, Übelkeit und Luftnot gelindert und soziale und zwischenmenschliche Kräfte, vor allem Familie und Freunde, aktiviert werden.

B: Ja, und die Hospizbewegung verbessert die Situation Sterbender ganz konkret und versucht vor allem durch die Begleitung von Sterbenden, den Tod in das Leben zu integrieren. Aus meiner Sicht haben aber beide das gleiche Ziel: das gute Leben im Sterben, wie es Atul Gawande sinngemäß nennt. Interessanterweise leben viele Menschen noch einmal auf, wenn sie die fordernde medizinische Behandlung verlassen und sich der Palliativmedizin anvertrauen.

N: Ja, das stimmt.

B: Mich beeindruckt der Fortschritt bei den medizinischen Behandlungsmöglichkeiten ja auch. Da hat eine rasante Entwicklung stattgefunden. Ich meine: Wann gab es das erste MRT oder CT, die erste Strahlen- oder Hormontherapie? Die Medizin zeigt uns, was sie alles kann. Das jedoch wirft Fragen auf. Passt das so zum Leben? Halten wir noch Schritt? Was verändert sich, wenn alte und kranke Menschen durch Medikamente und Apparate am Leben erhalten werden? Welches Leben ist es wert, dass ich es leben will? Und wer entscheidet das? Gibt es einen selbstbestimmten

Tod? Für mich ist das das Drama der Autonomie. Die Frage der Selbstbestimmung stellt sich erst in dem Moment, da du eine Wahl hast. Und die entsteht durch die Fortentwicklung der Medizin. Korrigiere mich, wenn ich falschliege, aber ich habe den Eindruck, je mehr die Medizin nach vorne geht, desto mehr müssen wir entscheiden, was wir wollen und was nicht. Es liegt in meiner Hand, es liegt in der Hand meiner Angehörigen oder wen auch immer ich als meinen Vertreter bestimme. Manchmal überfordert das die Menschen.

N: Ja, weil wir Dinge entscheiden sollen, die wir lange in Gottes Hand gesehen haben.

B: Die Dinge liegen unter Umständen immer noch in Gottes Hand. Trotzdem müssen wir Entscheidungen treffen.

N: Zumindest in wesentlichen Punkten. Ich gebe dir da völlig recht. Das ist eine Veränderung der letzten 25 Jahre. Ich habe es erwähnt: 1996 haben wir in der Deutschen Gesellschaft für Chirurgie die erste deutsche Leitlinie entwickelt, die sich mit Therapiebegrenzung und Therapieabbruch beschäftigt hat. Es ging darum, was Ärztinnen und Ärzte entscheiden können, um sich keines Behandlungsfehlers oder einer unterlassenen Hilfeleistung schuldig zu machen, wenn eine einmal begonnene Behandlung reduziert wird. Einige Jahre später gab es dann diesen juristisch sehr intensiv diskutierten Fall in Amerika, wo sich Angehörige gestritten haben: Eine junge Frau mit apallischem Syndrom – der Hirntod ist nicht eingetreten, sondern es gibt eine Restfunktion im Gehirn, ohne dass die Betreffenden sich bewegen oder artikulieren können, das Überleben ist auf die medizinische Behandlung angewiesen. Ein Teil der Angehörigen sagte, das ist doch kein Leben, das wollte meine Frau, das wollte meine Tochter nicht. Die anderen sagten: Selbstverständlich ist sie noch am Leben. Wenn nun der Arzt die Infusionen einstellt – Tötungsdelikt oder nicht?

B: Tötung durch Unterlassen, Garantenstellung: Ist der Arzt der Garant für das Leben? Laut diesem Rechtsbegriff ist der Arzt im rechtlichen Sinne für den Menschen verantwortlich. Das gilt aber nur im Krankenhaus. Was, wenn der Mensch zu Hause ist?

N: Mir wird das gerade so richtig klar: Weil wir da in eine Grauzone gelangen, die dem Menschen durch medizinische Professionalität eigentlich nicht mehr zugänglich ist, brauchen wir plötzlich die Rechtsprechung. Die brauchte es vorher nämlich nicht. Da gab es Krankheit und Medizin, Sterben und Religion. So ist das aber nicht mehr. Überhaupt ist das mit der Selbstbestimmung erst in den letzten Jahrzehnten entstanden. Früher war klar: Wenn der Arzt sagt, es muss operiert werden, wird operiert. Da gab es nicht einmal eine Einwilligungserklärung. Heute kann der Einzelne auch bei einer schweren Erkrankung sagen: Nein, Chemotherapie will ich nicht. Oder nein, Dialysebehandlung möchte ich nicht machen.

B: Ich sage ja: das Drama der Selbstbestimmung.

N: Wobei das mit der Selbstbestimmung auch immer etwas schwierig ist. Dort, wo es um aktive Sterbehilfe geht, wird Selbstbestimmung nämlich oftmals delegiert. Das ist dann eigentlich das Gegenteil von Selbstbestimmung. Dazu fällt mir mein Großonkel Hans ein. Der war Jurist und hatte ein erfolgreiches und schönes Leben, aber im Alter von 93 Jahren konnte er sich aufgrund einer chronischen Herzinsuffizienz nicht mehr wirklich bewegen. Er rief mich dann an und sagte: »Eckhard, du musst jetzt kommen. Du musst mir helfen zu sterben. Wir haben dich was Ordentliches studieren lassen, jetzt erklär mir, wie das geht.« Ich bin hingefahren, und wir haben lange über seine Krankensituation gesprochen und die Aussicht, dass er seine Bewegungsfähigkeit nicht wiedergewinnen würde und sich pflegen lassen müsste. Er hat aufgezählt, was er alles für Lebensgenüsse vermisst, schön essen gehen, ins Theater, Musik. Wir haben auch überlegt, welche Freuden im Leben für einen bettlägerigen Menschen noch auftauchen könnten. Immer unter der Maßgabe, dass ich gesagt habe, ich kann alles für dich tun, Hilfe zum Sterben leiste ich nicht. Es gab mehrere Gespräche. Irgendwann war es ihm sehr dringend: »So, jetzt aber Butter bei die Fische. Ich möchte jetzt wissen, was du mir gibst. Ich will wirklich nicht mehr.« Dabei hat er bei jedem Treffen von schönen Momenten erzählt: hier ein leckeres Matjes-Brötchen, da ein Konzert im Radio. Oder ein Cognac, den ihm jemand mitgebracht und den er sehr genossen hatte. Ich habe dann zu ihm gesagt: »Hans, das ist relativ einfach. Du nimmst immer morgens fünf Medikamente, mittags zwei und abends sieben. Und deine Lebensgefährtin achtet sehr genau darauf, dass du das pünktlich tust. Wenn du jetzt bestimmte Tabletten weglässt, werden sich Symptome verstärken, die dein Leben unmöglich machen. Dann wirst du vermutlich einschlafen.« Er wollte wissen, wie ich das meine, und ich erklärte ihm: »Wir reden hier von Selbstbestimmung. Du kannst selbst entscheiden, ob du die Medikamente nimmst – oder ob du es lässt.« Er hat es dann nicht gelassen.

B: Ich glaube, es ist wichtig, darüber zu sprechen, wie wir sterben wollen. Mir hat das gut gefallen bei Atul Gawande, der seine Idealvorstellung beschreibt: Der Arzt, die Ärztin informiert, entscheidet aber nicht anstelle des Patienten oder der Patientin. Er lässt ihn aber auch nicht mit den Informationen allein, sondern fragt dann weiter: Was willst du, was stellst du dir vor, wie deine letzten Lebenswochen oder -jahre noch aussehen sollen? Was willst du noch erreichen? Ich glaube, das ist so eine wichtige Frage. Und ich weiß nicht, ob Ärzte oder Ärztinnen sie heute stellen. Um dann gemeinsam eine Entscheidung zu treffen. Das wäre mein Ideal: Ich möchte wissen, was los ist. Ich möchte auch wissen, was ich für Möglichkeiten habe. Und dann möchte ich mich aber auch darüber unterhalten können, was mir wichtig ist. Nicht nur mit meinen Angehörigen, sondern auch mit meinen Ärzten.

N: Auch in dieser Hinsicht hat es in den letzten Jahrzehnten einen grundlegenden Wandel gegeben. Bis in die Achtziger-, Neunzigerjahre des vergangenen Jahrhunderts hinein galt die Mitteilung einer fatalen Diagnose noch als Behandlungsfehler. Man ging davon aus, dass der Lebenswille und die Widerstandsfähigkeit eines Kranken durch eine solche Mitteilung vernichtet würden. Insofern hatte man viele Patienten, die gar nicht wussten, wie es wirklich um sie steht. Den Angehörigen teilte man durchaus mit, dass die Operation nicht erfolgreich war. Man erzählte es der Ehefrau oder dem Ehemann oder den Eltern. Aber den Menschen selbst konfrontierte man damit nicht. Es gab also ein Informationsdefizit, weil man überzeugt war, dem Betreffenden sonst zu schaden. Das ist nicht zu verwechseln damit, dass jemand unsensibel kommuniziert. Das beklagen Patienten ja heute immer wieder, wenn sie von einer »brutalen Diagnosemitteilung« sprechen. Das ist richtig ein Begriff.

B: Wie meinst du das?

N: Wir Ärzte sind einfach diejenigen, die den Patienten konfrontieren müssen, das ist unsere Aufgabe. Erst das ermöglicht Selbstbestimmung. Zum Thema Therapieabbruch auf der Intensivstation frage ich meine Studierenden im zehnten Semester: »Wie versuchen Sie, Angehörigen mitzuteilen, dass keine weitere Therapie durchgeführt werden sollte?« Ich biete verschiedene Optionen an: Entscheidet man als behandelnder Arzt allein? Versucht man, das im Team zu lösen? Zieht man in schwierigen Situationen ein externes Ethikkomitee hinzu? Die werdenden Ärzte und Ärztinnen haben ganz häufig das Gefühl: Am besten, wir delegieren das an eine größere Gruppe. Und bei der Frage des Therapieabbruchs ist das klinische Ethikkomitee hilfreich. Am Ende wollen die meisten Studierenden, dass die Angehörigen entscheiden. Ich bin aber eigentlich überzeugt, dass die Entscheidung über einen Therapieabbruch auf der Intensivstation eine ärztliche Entscheidung ist. Keine, die Angehörige treffen können. Rechtlich mag das anders sein, das kannst du besser beurteilen, gerade, wenn es eine Betreuungsvollmacht gibt. Aber Beatmung oder nicht Beatmung, Dialyse oder nicht Dialyse, Infusion, medikamentöse Therapie – das sind ärztliche Entscheidungen. Da gibt es eine Indikation, man macht etwas, weil es sinnvoll ist. Oder man lässt es. Natürlich muss ich informieren und die Betroffenen einbeziehen. Aber ich kann unmöglich die Entscheidung auf die Angehörigen übertragen. Ich erlebe das zum Teil als traumatisierend, wenn medizinische Teams Angehörige damit konfrontieren, dass sie fragen: »Sollen wir jetzt das Gerät abstellen oder nicht?«

B: Das finde ich jetzt wirklich sehr spannend. Wie ist es denn andersherum: Könntest du dich als Arzt wehren, wenn die

Angehörigen mit der Betreuungsvollmacht in der Hand sagen: »Wir wollen aber etwas anderes.«?

N: Selbstbestimmung ist mehr ein Abwehrrecht als ein Recht auf Weiterbehandlung. Wenn der offizielle Betreuer sagt: »Stopp, hier ist eine Grenze«, ist definitiv Schluss. Diese Entscheidung ist zu respektieren. Anders ist es, wenn Angehörige mehr an Behandlung wünschen, als der Arzt für richtig hält. Ich kenne zum Beispiel Situationen, wenn Angehörige nicht wahrhaben wollen, dass ein Hirntod festgestellt worden ist. Sie beharren dann: »Das ist absolut nicht möglich, mein Mann lebt, Sie müssen weiterbeatmen!« Bis zum Amtsgericht geht das manchmal. Diesem Anspruch kann man natürlich nicht genügen. Wenn es medizinisch nicht indiziert ist, muss man seinen Punkt machen und erklären: »Hier geht es nicht weiter. Das ergibt keinen Sinn.« Denn, um es drastisch zu formulieren, das wäre eine Verlängerung des Leidens und eine aussichtslose Verschwendung von Ressourcen.

B: Ja, Selbstbestimmung umfasst kein Recht auf Weiterbehandlung, sondern ist ein Abwehrrecht gegen unerwünschte Behandlung.

N: Oder gegen eine Behandlung, die einem Angst macht.

B: Vielleicht, weil man diese Behandlung als übermäßig empfindet und sie so einschränkend oder schmerzhaft ist, dass Menschen sagen: »Das möchte ich nicht. Ich möchte die letzte Zeit, die ich habe, so verbringen, wie ich das will.« Dann ist Selbstbestimmung das allerhöchste Gut. Der Mensch hat das Recht, aus ärztlicher Sicht unvernünftig zu sein. So lebenswert die Umstände einem anderen auch erscheinen mögen – ich muss die Behandlung nicht in Anspruch nehmen. Es ist das Recht des Menschen, einfach zu sagen: Nein.

N: Manchmal ist das schmerzlich. Ich erinnere mich an eine Situation mit einer Zeugin Jehovas. Für die Zeugen Jehovas widerspricht eine Bluttransfusion ihren Glaubensgrundsätzen. Solche Patienten lassen sich nur operieren, wenn das vorher ausgeschlossen wird, das ist die Voraussetzung. Einmal habe ich nun erlebt, dass es nach einer Geburt zu schweren Blutungen kam, die nicht zu stillen waren. Es wäre, ich will nicht sagen ein Leichtes, aber doch naheliegend gewesen, diese junge Mutter durch eine Bluttransfusion zu retten. Aber für ihren Mann war klar, und in der Einwilligungserklärung stand es auch: Nein, das darf nicht sein. Die junge Frau ist gestorben.

B: Für mich als Juristin wäre dann ja die Frage: Was, wenn du es doch getan hättest? Würde das als Körperverletzung zählen? Kann das Leben an sich ein Schaden sein? Ich weiß es, ehrlich gesagt, nicht, damit habe ich mich nicht befasst. Aber auch für Richterinnen und Richter sind das sehr, sehr spezielle Entscheidungen.

N: Deswegen ist es so wichtig, dass es in unserer heutigen Gesellschaft die Möglichkeit gibt, eine Patientenverfügung auszufüllen und einen Bevollmächtigten zu bestimmen, der dann tatsächlich entscheiden darf, falls ich es selbst nicht mehr kann. Das ist inzwischen in die Kultur unseres modernen medizinischen Versorgungssystems integriert. Man kann nicht alle Eventualitäten im Detail vorhersehen; es braucht das Gespräch, die Wahrnehmung und die Einschätzung im jeweils ganz konkreten Fall. Wobei für die

Patientenverfügung dasselbe gilt wie für die Einwilligung in eine Operation oder Behandlung. Es setzt voraus, dass ich in der Lage bin zu verstehen, worum es geht. Und diese Auseinandersetzung findet bei vielen nicht statt.

B: Na ja, ich kann dir versichern: Manchmal ist das mit der Aufklärung auch ein Elend, weil man das echt nicht alles wissen will. Kleine Anekdote, die schönste Aufklärung, die ich je hatte: Vor einer Operation saß ich bei dem Narkosearzt. Der Mann sprach sehr schön in Halbsätzen: »Na ja, Sie wissen ja, Risiko: Tod.« Das hat dem Ganzen auch etwas Slapstickartiges gegeben. Das war dann wiederum hilfreich.

N: Das glaube ich sofort. Humor ist manchmal die Rettung.

2. »Es kann doch nicht sein, dass es heute nicht regnet.« Von Würde, Schmerz und Unterschieden: Wie das Leben, so der Tod?

B: Es gibt auf der Welt sehr unterschiedliche Formen der Bestattung. In Tibet werden die Toten auf ein Feld gelegt, und die Vögel fressen sie auf. Die Parsen in Indien legen ihre Toten auf hohe Türme, damit sie von dort wieder in den Naturkreislauf eingespeist werden, gewissermaßen eine Himmelsbestattung, bei der einen die Geier holen. Bei uns ist das ganz anders. Ich habe mir mal unsere Bestattungsgesetze angeschaut. Denn Gesetze sind am Ende immer das Ergebnis eines gesellschaftlichen Diskussionsprozesses. Das kann kulturhistorisch sehr aufschlussreich sein. Die Bestattungspflicht ist zum ersten Mal im Allgemeinen Preußischen Landrecht von 1806 rechtlich normiert worden. Die Leute durften nicht mehr auf dem eigenen Grundstück bestattet werden, sondern nur noch auf Friedhöfen. Vermutlich hatte das seuchenhygienische Gründe, aber die Preußen haben sowieso gerne Dinge geregelt. Nachdem das Heilige Römische Reich deutscher Nation untergegangen und Napoleon besiegt war, war eben das Bestattungsrecht dran – unter anderem. Wir haben dazu bis heute ein ausdifferenziertes Regelwerk. Es gibt Ausnahmen, man darf eine Seebestattung machen, wenn der Körper kremiert wurde. Aber auch die Urne gehört auf einen Friedhof oder in einen Friedwald;

man darf sich die Asche nicht auf den Kaminsims stellen. Und der Mensch muss in der Regel in einem Sarg bestattet werden. Aus religiösen Gründen darf die Leiche auch in ein Tuch gewickelt werden, das ist eine neuere Entwicklung, aber sie muss trotzdem in einem Sarg zum Friedhof gebracht werden. Außerdem darf ein Mensch frühestens 48 Stunden nach seinem Versterben bestattet werden.

N: Es gibt auch eine klare Regelung im Hinblick auf den ärztlich festzustellenden Todeszeitpunkt: Den Totenschein darf ich erst ausfüllen, wenn die sicheren Todeszeichen eingetreten sind. Vorher darf der Verstorbene nicht verändert werden.

B: Inzwischen gibt es auch eine ganze Menge Rechtsprechung zu der Frage, wie wir mit verstorbenen Menschen umgehen. Das Bundesverfassungsgericht hat ein Fortbestehen der Würde des Menschen über seinen Tod hinaus festgestellt[2] – die Würde des Menschen nach Artikel 1 Grundgesetz umfasst also auch den leblosen Körper. Das Bundesverfassungsgericht spricht von einem postmortalen Achtungsanspruch, wonach der Mensch auch nach seinem Tod einen Schutzanspruch hat, vor Erniedrigung, Brandmarkung, Verfolgung oder Ächtung. Die Schändung von Leichen ist verboten, das ist auch im Strafrecht geregelt. Dafür, dass die Schändung einer Leiche auch die Schändung des Ansehens einer Person sein kann und auch genau so gemeint war, bietet die Geschichte übrigens viele Beispiele. Während der Französischen Revolution sind zum Beispiel alle Königsgräber in Saint-Denis geplündert und die Knochen in einem Massengrab verscharrt worden. Man kann

2 BVerfG, 30, 173 ff.

deshalb heute niemanden mehr aus der doch langen Tradition der französischen Könige identifizieren. Im alten Rom gab es den Brauch *Damnatio memoriae*, das Vernichten des Ansehens. Dafür hat man aus Steintafeln und Bildnissen den Namen entfernt. Und man hat Leichen geschändet, um sich zu rächen, darunter die Leichen von Tyrannen. Die Konzeption der über den Tod hinausreichenden Menschenwürde soll solche Auswüchse vermeiden helfen, auch im Interesse der Angehörigen. Damit die Familie nicht leiden muss.

N: Meine Würde als Lebender begründet sich also auch darin, dass ich weiß, in dem Moment, da mein Herz stillsteht oder mein Gehirn nicht mehr funktioniert, bleibe ich trotzdem als Mensch und als Person geschützt.

B: Genau. Folgerichtig ist im Bestattungsrecht geregelt, wer mit Leichen umgeht, hat dabei die gebotene Ehrfurcht vor dem toten Körper zu wahren. Das resultiert aus der Vorstellung, dass der Mensch mehr ist als sein Leben. Und dass auch der tote Mensch mehr ist als ein Gegenstand. Der Leichnam hat eine Würde.

N: Wenn in Krimis eine Obduktion auf die nächste folgt, muss ich schon manchmal tief durchatmen, weil das in vielen Punkten nicht der Realität entspricht und eine scheinbare Verfügungsgewalt über den Leichnam suggeriert wird. Dabei sind die gesetzlichen Bestimmungen sehr streng.

B: Ich werte es als Zeichen von Kultur, dass die Achtung vor dem toten Menschen in unserer Gesellschaft so hochgehalten wird. Allein der Umstand, dass wir so detaillierte Regelungen haben dazu, was mit Verstorbenen passiert, zeigt, dass uns der Mensch wichtig ist – im Leben und im Tod. Unser

Umgang mit den Toten sagt viel darüber aus, wie wir es mit dem Leben halten. Und wie auch unsere Glaubensvorstellungen Einfluss genommen haben.

N: Wie ist das bei dir persönlich?

B: Ich bin jemand, der auch zweifelt, aber meinen Glauben verloren habe ich nie. Sicher ist der Kern meines Ichs auch durch meine christliche Erziehung geprägt, von der christlichen Vorstellung, was mit den Menschen geschieht, wenn sie gehen. Darin liegt ein gewisser Trost, weil die Vorstellung besagt, es ist erstens nicht alles vorbei, und, zweitens, unter Umständen sehen wir uns wieder. Die Vorstellung, dass wirklich Schluss ist, finde ich schwer, gerade wenn es um meine Eltern geht und enge, sehr gute Freunde, die ich verloren habe. Sicherlich leben Menschen auch weiter, indem ich an sie denke. Meine Eltern leben in ihren Kindern weiter, in meinen Geschwistern und in mir, in ihren Enkelkindern.

N: Mich hat immer beschäftigt, warum ein Gott, der alles geschaffen hat und der über alles bestimmen könnte, seinen Sohn opfert bzw. schenkt für die Erlösung der Menschen. Dieser Christus bezieht seine zentrale Stellung daraus, dass er stirbt. Und diesen Tod überwindet. Das zentrale Symbol dafür ist Jesus am Kreuz – das habe ich immer auch als irritierend empfunden. Wenn ich mit meinem Enkel in den Bergen wandern gehe und auf einmal mitten in der schönen Natur vor so einem leidenden Christus stehe, vielleicht brennt noch ein Licht davor – wie erklärt man einem Sechsjährigen, dass das kein Bild des Schreckens ist? Denn es ist natürlich zunächst erschreckend. Als junger Mensch habe ich mich zumindest schwer damit getan. Bis ich verstanden habe, dass das Kreuz ein Symbol der Begleitung Gottes ist und dass eben auch der Tod und das Leid weiter zum Leben dazugehören, bei aller Überwindung. Dadurch ergibt sich die Frage: Was passiert danach?

B: Das ist richtig. Aber die Geschichte, dass ein Vater seinen Sohn opfert, ist schon eine grausame Erzählung. Selbst mit der Perspektive der Auferstehung hat das etwas, das ich mir, aus der Sicht einer Mutter, kaum vorstellen kann. Du hast recht, wenn man das Geschehen transzendiert und versteht, dass es als Übergang gemeint ist – als wichtiger Übergang und als eine Erlösung für die Menschen –, hat das natürlich auch etwas Schönes. Etwas Leuchtendes. Trotzdem kann ich gut verstehen, wenn Menschen das befremdlich finden, die nicht in einem christlichen Kontext aufgewachsen sind oder sich davon abgewandt haben. So, wie ich es befremdlich fand, als ich nach langer Zeit wieder einmal in einem katholischen Beichtgottesdienst war. Die Vorstellung, dass ich freigesprochen werde von Sünde, wenn ich aufrichtig bereue, eigentlich eine große Gnade – davon habe ich mich entfernt. Ich bin überzeugt, dass ich immer die Verantwortung trage für das, was ich tue, was ich denke, was ich sage. Ich kann mich davon nicht frei machen. Das nehme ich auch mit in meine Vorstellung davon, wie ich sterben möchte.

N: Man sagt ja manchmal über das Sterben: Da hat ein Mensch seinen Frieden gefunden.

B: Das ist unser Bild vom guten Sterben. So wünschen wir uns das heute. Aber setzt das die Menschen nicht auch unter Druck? Der Gedanke ist ja: Um in Frieden sterben zu können, muss man auf sein Leben zurückblicken können und zufrieden beziehungsweise in Frieden damit sein. Aber vielleicht ist man das gar nicht. Vielmehr muss man auch damit umgehen, dass Menschen entweder nicht in Frieden sterben oder auch einfach überhaupt nicht sterben wollen – zum Beispiel, weil sie es zu früh für sich finden oder weil sie Menschen zurücklassen.

N: Wir müssen aber unterscheiden zwischen Sterbeprozess und Tod. Wenn ich sage, da hat jemand seinen Frieden gefunden, meine ich den Verstorbenen. Der Tod ist eingetreten, das Ziel gewissermaßen erreicht. Der Sterbeprozess hingegen ist eine Herausforderung an sich. Das hat die Entwicklung der Palliativmedizin deutlich gemacht. Elisabeth Kübler-Ross hat fünf Phasen definiert, durch die der Mensch beim Sterben geht. Die amerikanisch-schweizerische Psychiaterin ist nicht unumstritten. Sie war keine Wissenschaftlerin im klassischen Sinn und hatte später die Aura einer Geistheilerin. Aber sie hat, wie ich finde, sehr deutlich gemacht, dass der Mensch sich gar nicht einfach in seinen Tod fügen kann. Von wegen *Ars moriendi*, sterben lernen oder den Tod einfach annehmen. Nach Einteilung von Kübler-Ross folgt im Sterbeprozess auf ein erstes Nicht-wahrhaben-Wollen eine Negierung, eine Phase des Haderns, ein innerer Widerstand. Und schließlich sogar Aggression. Sterben ist also eine Auseinandersetzung, der Weg ist nicht einfach, wir starten ihn nicht im Frieden.

B: Ich denke, das Ideal vom guten Sterben, die Idee, dass man im Sterben seinen Frieden finden kann, ist fast ein neuer Leistungsbegriff. Es gibt zum Beispiel Menschen, die niemals friedlich gelebt haben und daher vielleicht auch nicht friedlich sterben können. Ich vermute, jeder stirbt eben doch auch so, wie er oder sie gelebt hat.

N: Ja, das stimmt. Wenn ich zum Beispiel in meinem Leben nie an eine Emotion gekommen bin, wenn ich mich nie artikulieren konnte, wenn ich auch nie gehadert habe oder meinte, nicht hadern zu dürfen – wie soll ich das dann im Angesicht des Todes tun? Ich stimme dir zu, dass es keinen neuen Leistungsdruck geben darf. Aber wenn wir das Sterben neu wahrnehmen, müssen wir auch unsere Verantwortung darin erkennen: Sterben hat etwas mit mir selbst zu tun, ich kann das nicht einfach abgeben an die Pfarrerin oder den Priester, den Arzt oder die Ärztin. Es ist mein Weg, und ich muss ihn gehen.

B: Vielleicht darf man aber auch nicht so hohe Erwartungen haben. Man könnte die Idee vom guten Sterben ja auch anders ausfüllen. Ich habe mal auf dem Grabstein eines Familiengrabs gelesen: »Jeder stirbt für sich allein.« Das ist ein Romantitel von Hans Fallada. Ich habe gedacht: Das ist hart. Aber vielleicht war es hier tatsächlich einfach so … Schöner wäre natürlich das Gegenteil: Niemand stirbt für sich allein.

N: Am Ende des Tages ist es vermutlich sehr unterschiedlich, was man als gutes Sterben definiert. Anne, meine Frau, ist ja Palliativmedizinerin. Ihr ist aufgefallen, wie mit dem Tod auch die Beziehungen zu Lebzeiten noch einmal neu definiert werden. Angehörige erzählen dann offenbar überraschend vergleichbare Dinge. Von Männern einer bestimmten Generation hört man über die verstorbenen Ehefrauen beispielsweise ganz oft: »Ach, sie war so eine gute Köchin!« Das ist offenbar eine wesentliche Wahrnehmung im Verlust, zumindest in dieser Generation. Ich glaube, dass solche Erzählungen den Hinterbliebenen dabei helfen, Frieden werden zu lassen, also den Tod anzunehmen. Das gute Sterben bedeutet letztlich, dass der Sterbende loslassen kann.

Und den Angehörigen erleichtert es das Abschiednehmen und Trauern. Genau dabei will auch die Palliativmedizin helfen …

B: Wenn ich gesagt habe, dass ich immer abgewunken habe, wenn mein Vater über seinen Tod reden wollte, stimmt das übrigens nur bedingt. Wir Kinder haben schon zugehört, wie er bestattet werden möchte. Und wie er sterben wollte, das haben wir auch verstanden. Ihm war es wichtig, ohne Leiden zu gehen, schnell. Im Grunde ist ihm sein Wunsch erfüllt worden. Er war bis zum Ende selbstständig.

N: Diese Gnade wird natürlich nicht allen zuteil.

B: Aus Gesprächen mit älteren Leuten weiß ich, dass die Abhängigkeit von der Unterstützung anderer für viele die schlimmste Vorstellung ist: die zunehmende Beschränktheit körperlicher, manchmal natürlich auch der geistigen Fähigkeiten.

N: Mein Vater ist hochbetagt mit 96 Jahren verstorben und war dankenswerterweise bis zum Schluss in der Lage, alle Entscheidungen selbst zu treffen. Ich glaube, er hat auch noch in das Sterben eingewilligt. Für uns Kinder war das wie eine Lehrstunde zum Thema Umgang mit dem Tod. Die eigentliche Sterbephase dauerte ungefähr acht Wochen, von einer ersten schweren Bronchitis an, nach der er sich selbst gewundert hat, warum er nicht wieder auf die Beine kommt. Er hat gemerkt, da ist körperlich etwas im Gange, er wurde schwächer. Das passte ganz und gar nicht zu seiner Vorstellung: »Ich möchte meine Selbstbestimmung nicht verlieren.« Mein Vater kommt ja aus einer Generation, die in ihrer Jugend niemals autonome Entscheidungen treffen konnte und es nach dem Krieg als den größten Gewinn im Leben empfand, selbst zu bestimmen, was man tut, unabhängig von obrigkeitsbezogenen Anweisungen. Als er merkte, dass er diese Fähigkeit verliert, war klar: »Jetzt verabschiede ich mich.« Dann ist er gestorben, friedlich zu Hause. Wir haben uns entschieden, ihn zu Hause zu behalten: vier Tage lang. Wir haben ihn gewaschen, wir haben ihn gekleidet. Es war wichtig, sich zu überlegen: Was war eigentlich seine Lieblingskrawatte? Ich vermute, meinem Vater war das völlig egal. Im Moment des Abschieds wird so etwas für die Hinterbliebenen relevant.

B: Man möchte, dass der geliebte Mensch schön ins Grab geht.

N: Genau. Das ist die ganz alte Vorstellung, von den Pharaonen. Wir haben immer Kulturen des Sterbens gehabt, weil wir davon ausgehen, danach passiert noch etwas. Und dafür musst du irgendwie gut vorbereitet sein.

B: Wenn wir an die Wikingergräber denken, in denen man tatsächlich auch Kriegerinnen gefunden hat, die aufs Herrlichste ausgestattet waren für Walhalla. Oder die Skythen, die ihre Herrscher und Herrscherinnen aufs Prächtigste geschmückt und mit Schätzen versorgt haben. Es war wichtig, Verstorbene zu ehren.

N: Aber auch Zeit mit ihnen zu verbringen, am Totenbett, ist wichtig. Meine Mutter zum Beispiel hat auf ihrem Ehebett die ganzen Tage noch mal bei meinem verstorbenen Vater genächtigt.

B: Mehrere Tage lang? Das finde ich sehr außergewöhnlich.

N: Ich bin meinem Vater und meiner Familie auch wirklich sehr dankbar. Weil ich ein Gefühl für diesen Prozess bekommen habe: vom Moment des Todes über die Veränderung des Körpers bis hin zu einer Wahrnehmung, was über diesen Zeitraum im Haus, in der Umgebung passiert. Unser Vater hat uns gezeigt, was passiert, wenn man den Tod in das Leben integriert. Als wir ihn mit Begleitung einer Pfarrerin ausgesegnet und aus dem Haus gebracht haben, war wirklich ein Abschnitt vollzogen.

B: Dass dein Vater so lange bei euch bleiben und deine Mutter sogar neben ihm schlafen konnte, ist eine große Sache, finde ich.

N: Ich fand vor allem berührend, dass sogar die Enkel Zeit hatten, sich noch einmal zu ihrem Großvater zu setzen. Wie gesagt, als ich damals meine tote Großmutter gesehen habe, zehn Minuten in einer kühlen Friedhofsleichenhalle, blieb das eher erschreckend in Erinnerung.

B: Wie alt warst du? Zwanzig? Wir haben doch schon gesagt, vielleicht gibt es eine Zeit im Leben, wo man den Tod eher von sich wegschiebt.

N: Ich glaube, dass die häusliche Umgebung den Unterschied macht. Wenn du an einen Ort kommst, der dir als Umfeld des Toten vertraut ist, wenn du ihn dann da liegen siehst und merkst, es ist alles schön, es brennen Kerzen, es duftet angenehm nach Blumen – dann entsteht das Gefühl, da ist er oder sie gut aufgehoben.

B: Insofern meinst du, dass das Sterben und der Tod über die heute üblichen Riten, über Beerdigungen und Abschiedsfeiern hinaus, in unser Leben integriert werden sollte?

N: Mein Plädoyer ist wirklich, noch mal Zeit zu verbringen an der Seite des Verstorbenen. Die Person auch noch mal schön anzuziehen. Der Hintergrund ist ja die Vorstellung einer Reise. Wir haben unserem Jonathan zum Beispiel das Spielzeug, das seine große Schwester am liebsten hatte, mit in den Sarg gelegt. Vor allem für sie war wichtig, dass er dieses Spielzeug hatte.

B: Hat sie ihren Bruder noch gesehen?

N: Ja, am offenen Sarg.

B: Weil du immer wieder auf das Thema zurückkommst: Warum hältst du diese Zeit am Sarg für so wichtig?

N: Ich habe die Erfahrung gemacht, dass es mir den Abschied wirklich ermöglicht. Es hat mich sehr erleichtert. Das ist eine Erfahrung, die ich weitergeben möchte. Inzwischen ist es so, anders als früher, dass wir überkonfessionelle Abschiedsräume in den Krankenhäusern einrichten. Die sind nicht mehr mit einem christlichen Symbol ausgestattet, damit der Zugang allen offen steht. Aber wir haben es noch nicht eingeübt, dort wirklich Zeit zu verbringen. Es ist den meisten doch fremd. Die meisten gehen, wenn sie den Raum überhaupt nutzen, kurz rein und schnell wieder raus.

B: Ich würde ja sagen, unser Vater hat uns mit seinem Tod im Grunde noch mal ein Stück Gemeinsamkeit geschenkt, meinen Geschwistern und mir. Wir waren zusammen beim Bestattungsinstitut, wir haben zusammen die Urne ausgesucht, dann sind wir gemeinsam zur Leichenhalle gefahren, wo unser Vater aufgebahrt war. Und wir waren dabei sehr eng miteinander. Das haben wir alle als Geschenk empfunden. Auch das war ein Gefühl von Geborgenheit.

N: Auch das ist ein Glück, das nicht allen vergönnt ist.

B: Ja, ich habe als Richterin auch Familien erlebt, die sich über die Frage zerstritten haben, wer die Beerdigung zahlt. Oder Menschen, die ganz einsam gestorben sind. In den Medien wird immer mal wieder über Menschen berichtet, die erst lange nach ihrem Tod gefunden worden sind. Die offensichtlich sehr abgeschieden gelebt haben, allein gestorben sind – und von niemandem vermisst wurden. Auch das ist eine Realität in unserer Gesellschaft. Sicherlich ist das nicht die Mehrheit der Fälle. Was ich aber sagen will: Es gibt diese Einsamkeit im Sterben. Das, was wir beide als tröstlich empfinden, Abschied nehmen im Kreis der Lieben, Gemeinsamkeit, fehlt da komplett.

N: Familie ist natürlich nicht immer nur Frieden und Freude, sondern auch Streit und Dissonanz. Nur weil wir beide in der glücklichen Situation sind, dass es in unseren Familien vergleichsweise harmonisch zugeht, dürfen wir andere Lebenswirklichkeiten nicht ausblenden. Der Punkt ist, ohne Gemeinschaft und Gemeinsamkeit kann die Integration des Sterbens in unsere Gesellschaft nicht gelingen – wie auch immer man Gemeinschaft definiert.

B: Es muss ja nicht die Familie sein. Du musst heutzutage auch keinem Verein und keiner Kirche angehören. Aber der Mensch ist ein soziales Wesen. Unbedingt. Und es gibt viele Formen, wie Menschen einander begleiten können. Ich selbst habe erlebt, wie sehr sich Freunde umeinander kümmern können. Wie nahe sie einem sein können. Denn Freunde braucht man gerade, wenn die Welt gegen einen steht und der Wind einem so richtig ins Gesicht bläst. Freunde und Freundinnen sind in vielen Fällen wie Familie. Auch solche Gemeinschaften können einen Menschen in den Tod begleiten. Es gibt zum Beispiel die Idee, dass sich Freunde miteinander Grabstellen teilen. Wenn es allerdings kein soziales Umfeld gibt, macht mich das sehr traurig.

N: Als Gesellschaft müssen wir überlegen: Wie gehen wir mit Vereinzelung um? Wir diskutieren seit einiger Zeit viel über Alten-WGs und sagen, es muss neue Formen geben, wie Menschen miteinander wohnen. Ich habe selten gehört, dass jemand darüber diskutiert, wie man ein soziales Umfeld fürs Sterben schaffen kann. Wir haben das Hospiz, das ist ein großer Entwicklungsschritt. Aber vielleicht muss man intensiver überlegen, wie man schon für den Prozess davor Aufmerksamkeit schaffen kann: Wie kann man Menschen ermutigen, über die Frage ihrer Bestattung mit Freunden zu reden? Zu sagen: Wo willst du dich eigentlich bestatten lassen? Was hast du für Gedanken dazu? Es geht darum, das Ende stärker in die Perspektive des Lebens zu integrieren. Nur dann gelingt es, Verantwortung für das Sterben zu übernehmen.

B: Für Menschen, die alleine sterben oder kein soziales Umfeld haben, keine Familie, keine Freunde, gibt es mittlerweile private Organisationen, die Gesprächsrunden über das Sterben anbieten. Wer die Sorge hat, da allein oder nicht vernünftig versorgt zu sein, findet so Gesprächsangebote.

N: Wo will man am Ende zu liegen kommen – beschäftigst du dich mit dieser Frage?

B: Frank und ich reden da schon drüber, miteinander, aber auch mit Freunden. Wenn ein nahestehender Mensch stirbt, ist das oft ein Anlass, über diese Dinge nachzudenken. So begann das jedenfalls bei uns. Es gibt Menschen, die möchten am liebsten, dass ihre Asche verstreut wird. Für mich jedoch ist wichtig, dass es einen Ort gibt: die letzte Ruhestätte, so hieß das früher. Wo wollen wir mal hin? Schließlich soll es realistisch sein, dass unsere Angehörigen und Freunde uns da besuchen kommen. Und dann wählen die Menschen ganz unterschiedliche Grabformen. Auch auf unserem heimischen Friedhof im Siegerland kann man das beobachten: vom Urnengrab, das ganz klein ist, aber noch geschmückt werden kann, bis hin zum Wiesengrab, auf dem eine Platte liegt und wo eigentlich nur drüber gemäht werden soll. Ich weiß gar nicht, ob es ein anonymes Gräberfeld gibt, das ist mir bisher nicht aufgefallen. Aber es gibt mittlerweile einen Friedwald, wo meine Patentante bestattet ist. Diese unterschiedlichen Formen sind schon auch ein Thema bei uns: Wo wollen wir mal zu liegen kommen? Wo soll unsere letzte Stätte sein?

N: Auch im Hinblick auf unsere Erinnerungs- oder Friedhofskultur gibt es natürlich Veränderungen. Du kennst den Friedhof Ohlsdorf in Hamburg, den größten Friedhof Deutschlands.

B: Ja. 1,4 Millionen Menschen sind dort mittlerweile begraben.

N: Auf einem großen Parkgelände. So hat man im ausgehenden 19. Jahrhundert und im 20. Jahrhundert das, was du gerade Ruhestätte genannt hast, definiert. Es gibt da sehr eindrucksvolle Grabmäler, tröstende Engel und andere Statuen, viele berühmte Fotos sind dort entstanden. Natürlich hatte das früher auch eine soziale Dimension: Das Grabmal zeigt, wie ich gelebt habe. Es gibt dort protzige kleine Tempel, sogar Mausoleen, die ich ganz schön übertrieben finde. Während diese Kultur auch etwas Morbides hat, ist Ohlsdorf gleichzeitig ein Park. Du kannst da auch einfach nur spazieren gehen. Mein Vater zum Beispiel ist gerne auf Friedhöfen spazieren gegangen, weil sie oft etwas Ruhiges, Tröstliches haben und du dich dort mit Fragen auseinandersetzen kannst, an die du dich sonst vielleicht nicht heranwagst. In einer Großstadt wie Hamburg waren Friedhöfe Orte, wo ein bisschen Ruhe war. Ich fürchte nun, dass wir das zunehmend verlieren. Wenn ich über den Friedhof gehe, auf dem meine Großeltern und Eltern begraben sind, sehe ich viele verwaiste Gräber. Obwohl das Dorf größer geworden ist.

B: Die Friedhöfe wachsen nicht mehr so, wie das Dorf wächst?

N: Im Gegenteil, sie schrumpfen eher. Auf Friedhöfen heute sehe ich zumindest viele Gräber, die eingefriedet worden sind, wie man das so schön nennt. Die Grabsteine verschwinden, die Wiese bleibt zurück. Weil Grabstätten in der Regel alle zwanzig Jahre neu erworben werden müssen. Das ist dann auch eine Kostenfrage. Aber entscheidend ist: Ist jemand da, der das Grab pflegt? Wenn das nicht mehr der Fall ist, aufgrund von Mobilität und sozialen Veränderungen, verlieren wir einen Ort, durch den wir diesen ganzen Komplex Abschied, Sterben und Trauer in unser Leben integrieren können. Dann haben wir noch mehr Abstand zum Tod. Zum Toten selbst. Aber eben auch zu seiner Ruhestätte. Die Erinnerungskultur fällt weg. Für die Hinterbliebenen macht es das schwieriger.

B: Wie meinst du das?

N: Ich war zum Beispiel kürzlich auf einem ganz kleinen Friedhof in der Nähe von Hannover. Ich kenne den Ort gut, und da war ein neues Grab. Mir fiel eine Stele auf, daneben stand ein älteres Ehepaar. Und auf so einem kleinen Friedhof spricht man sich an. Das Paar erzählte dann die Geschichte der Enkeltochter, die ums Leben gekommen war. Ein halbes Jahr war das her. Die Großeltern, selbst schon deutlich von Krankheit gezeichnet, brachten jeden Tag Blumen ans Grab. Wir kamen ins Gespräch über dieses furchtbare Geschehen: Die 23-jährige Enkeltochter war bei einem Autounfall gestorben, sie konnte nichts dafür, ein Mann war ihr reingefahren. Ihr Kind hatte auf dem Rücksitz im Kindersitz überlebt. Wir haben bestimmt eine Dreiviertelstunde miteinander gesprochen, und natürlich haben wir ein Stück von der Trauer der älteren Menschen mitgenommen. Als wir dann gemeinsam den Friedhof verlassen haben, war das Paar auch sehr getröstet, wir kamen sogar auf alles Mögliche zu sprechen: »Von wo kommen Sie? Was machen Sie?« Und so. Auch das ist eine Funktion des Friedhofs: Man hat eine soziale Anbindung. Es ist spürbar, dass du als Trauernder hier nicht allein bist. Das hilft wenigstens ein bisschen gegen dieses Gefühl der Einsamkeit, des Verlassenseins, gegen diesen Abgrund, den der Tod hinterlässt.

B: Das ist dieses Gefühl: Die Welt dreht sich weiter, obwohl sie für mich stehen geblieben ist. Wir haben ja schon darüber geredet, dass die Menschen früher viel jünger gestorben sind und Eltern damit umgehen mussten, dass nur wenige ihrer Kinder erwachsen wurden. Die werden sicher auch getrauert haben, ich kann mich da nicht reinversetzen, die Emotionen früherer Generationen kann ich nur erahnen.

Aber heute empfindet man das so: Wenn eine junge Frau, eine junge Mutter stirbt, müsste die Welt eigentlich stehen bleiben. Sie müsste stehen bleiben, weil das diesem furchtbaren Verlust angemessen wäre. Doch die Welt dreht sich weiter. Natürlich tut sie das.

N: Ich weiß genau, was du meinst.

B: Aber du hast recht, auch für mich war es immer unglaublich gut, mit anderen Menschen zu reden. Da werden Friedhöfe in der Tat zu Orten der Begegnung. Auch in meinem Heimatort im Siegerland ist das so. Ich begegne dort eigentlich immer Menschen, wir kennen uns so gut wie alle in unserem Dorf, und dann spricht man miteinander und erzählt sich auch von den Lebenden. Weil man wissen möchte, wie es weitergegangen ist. Dabei habe ich mal einen Mann getroffen, dessen Vater schon vor langer Zeit gestorben war und der erzählt hat, dass er mit seinem toten Vater weiterhin berufliche Entscheidungen bespricht. Sicherlich wird er das nicht laut machen, aber er führt ein Gespräch, einen inneren Monolog über die Frage, wie er gewisse Dinge angehen soll. Das kennen wir ja alle, dass man sich zurückzieht und mit sich selbst Für und Wider diskutiert. Er tut das eben auf dem Friedhof. Ich finde das schön. Ich kommuniziere auf meine Weise auch mit meinen Eltern, wenn ich denn dort bin, und schätze das. Friedhöfe sind eben nicht nur für die Toten wichtig, die würdevoll und nach ihren Vorstellungen bestattet werden wollen, sondern auch für die Lebenden. Vielleicht sogar in erster Linie für die Lebenden.

N: Auch das ist Teil unserer Erinnerungskultur: ans Grab gehen und Zwiesprache halten.

B: Ich selbst habe auf dem Friedhof wirklich das Gefühl, meine Verwandten zu besuchen, die gegangen sind. Und wenn es die Gräber nicht mehr gibt, dann geht man zwischen den fremden Gräbern umher und gleichzeitig durch die Geschichte des Dorfes. Ein Familiengrab ist wie eine Ahnentafel. Da ist dann vielleicht das Grab von einem jungen Mann, 1922 geboren und 1944 gefallen, und da sind immer noch Blumen. Man weiß gar nicht, ob der Körper des Toten dort liegt. Aber die Stätte wird weiterhin gepflegt. Auch das gehört für mich zu unserer Kultur des Sterbens dazu. Wie gesagt, das verändert sich. Meine Pateneltern gehen in den Friedwald.

N: Der Friedwald ist ja in gewisser Weise die Weiterentwicklung des Parkfriedhofs. Es stehen große Bäume dort, und du kannst spazieren gehen. Aber ich frage mich, ob diese Entwicklung auch damit zu tun hat, dass wir als Gesellschaft nicht genug Raum zur Verfügung stellen. Schöne große Flächen in der Stadt sind Spekulationsobjekte, da richtet man keine neuen Friedhöfe ein. Schon jetzt, wenn ich über Land fahre, sieht man die Friedhöfe irgendwo am Ortsende. Sie sind nicht integriert, sondern außen vor.

B: Das hatte früher aber sicher auch mit hygienischen Erkenntnissen zu tun.

N: Heute wäre das unter modernen medizinischen und technischen Gesichtspunkten aber kein Thema mehr. Mein Gedanke ist ein anderer. Noch mal zum Friedhof Ohlsdorf: Er ist 1877 eingeweiht worden und bis heute die größte Grünfläche Hamburgs. Er wurde vom Senat geplant, tatsächlich weil man diesen Ort in das Stadtleben integrieren wollte. Es sollte auch ein Ort der Begegnung entstehen. In diese Richtung könnte man denken, wenn wir über Gemeinschaft sprechen und eine veränderte Kultur des Sterbens und des Todes für notwendig halten: Wollen wir Friedhöfe wieder stärker integrieren? Mir wird jedenfalls durch unser Gespräch deutlich, dass wir im Umgang mit den Toten eine Veränderung haben, die auch Abbild unserer jetzigen Gesellschaft ist. Parallel zur Verdrängung der Themen Trauer und Tod baut sich eine Erwartungshaltung auf, dass wir mit dem Sterben selbstverständlicher sein sollen, dass wir auch dafür Verantwortung übernehmen sollen. Aber das überfordert viele.

B: Es gibt Studien, dass Menschen sich – wenig überraschend – mehr Gedanken über das Sterben machen, je älter sie werden. Aber es spielt auch eine Rolle, ob sie schon einmal einen Sterbenden begleitet haben. Die Erfahrungen, die sie dabei machen, prägen ihre Haltung zum Sterben und zum Tod. Wobei es natürlich auch kulturelle Unterschiede gibt in der Begleitung von Sterbenden und Toten. Hast du Erfahrung mit den unterschiedlichen Bestattungstraditionen gemacht?

N: Ich habe tatsächlich noch nie eine muslimische Bestattung miterlebt. Und ich frage mich gerade, ob das eigentlich eine große Chance wäre, sich besser kennenzulernen und mehr voneinander zu erfahren. Denn der Schmerz um die Eltern oder Großeltern, um ein gestorbenes Kind, die Tochter, den Sohn, ist ja gleich, unabhängig von der religiösen oder kulturellen Prägung. Das, was wir als interreligiösen Dialog zwischen Muslimen und Christen oder zwischen Juden und Christen kennen …

B: … oder zwischen allen drei abrahamitischen Religionen. In gewisser Weise sind wir alle Schwestern und Brüder, Cousinen und Cousins.

N: Auf den Kirchentagen machen wir das ja oft, dass wir gegenseitig andere religiöse Feste und Gottesdienste besuchen, um einander besser kennenzulernen. Aber vielleicht wäre es viel wichtiger, über Religionsgrenzen hinweg mal an einer Trauerfeier teilzunehmen.

B: Über das Sterben das Leben der anderen kennenlernen!

N: Ja, genau. Weil du aber nach meinen Erfahrungen gefragt hast: Für Sinti und Roma zum Beispiel ist es ganz wichtig, dass ihr Angehöriger sich, wenn der Tod eintritt, unter freiem Himmel befindet. Das lässt sich im Krankenhaus nicht ohne Weiteres realisieren. Aber ich bin beispielsweise schon gefragt worden, ob es einen Balkon gibt.

B: Wie reagiert ihr darauf? Kann man die Fenster weit öffnen?

N: Sagen wir mal so: Lange Zeit haben wir gar nicht reagiert, sondern erklärt, wie die Gegebenheiten sind. Niemand wird gezwungen, sich im Krankenhaus behandeln zu lassen, und wer sich behandeln lässt, muss die Rahmenbedingungen akzeptieren. Weil es uns und die Pflegekräfte überfordern würde, solche Wünsche zu berücksichtigen. Wichtiger ist, dass niemand allein gehen muss. Das machen wir inzwischen möglich. Im Umgang mit den Toten gibt es übrigens große Unterschiede: Im japanischen Shintoismus habe ich erlebt, dass es wesentlich ist, in der körperlichen Integrität auch nach dem Tod zu verbleiben, weil die Leiblichkeit auch für die Zukunft eine Bedeutung hat.

B: Es ist eine Binsenweisheit, aber wenn der Mensch den anderen Menschen kennenlernt, versteht man einander besser.

Vielleicht wäre auch das eine Annäherung: Einfach anzuerkennen, wir sterben alle. Und wir alle möchten, wenn auch in ganz unterschiedlicher Art und Weise, die Würde des Menschen wahren.

N: Mir fällt dazu noch etwas anderes ein: In Umfragen zur Säkularisierung wird deutlich, dass die Menschen zwar mit den konkreten religiösen Inhalten weniger anfangen können, die Rituale jedoch, Taufe und insbesondere die Hochzeit, werden weiterhin stark nachgefragt. Selbst wer keiner christlichen Konfession angehört, übernimmt gern ein Patenamt. Auf den Trauergottesdienst trifft das nicht zu. Dieses kirchliche Ritual wird offenbar nicht als zentral empfunden. Stattdessen gibt es Trauerredner, mittlerweile ein ganz eigener Beruf. Man braucht also jemanden, der das begleitet, aber nicht das Amt oder die Institution der Pfarrerin oder des Priesters. Eigentlich ist das doch erstaunlich: Die »schönen«, dem Leben zugewandten Traditionen bleiben auch angesichts der Säkularisierung wichtig und relevant. Dort, wo es darum gehen könnte, den Tod ins Leben zu integrieren, wird etwas abgespalten. Was ich allerdings bemerkenswert finde: Wenn es um gesamtgesellschaftliche Trauer geht, finden wir immer mehr auch über religiöse Grenzen hinweg zusammen.

B: Beim Gedenken an die Verstorbenen in der Corona-Pandemie hat mich das wirklich sehr beeindruckt. Oder beim Gedenkgottesdienst für die Opfer der Hochwasserkatastrophe: Da gab es im Aachener Dom jüdische, muslimische und christliche Klagerezitationen.

N: Ja, der kirchliche Kontext wird dann relevant, da arbeiten auch die verschiedenen Religionen Hand in Hand. Ich kann mich noch an diesen furchtbaren Anschlag in der Schule in Winnenden erinnern, wo man sich abends in der Kirche getroffen hat: Da wird Kirche zum Zufluchtsort, um die Fassungslosigkeit im Angesicht des Todes zu verarbeiten. Wenn wir als Kollektiv in Not sind, nutzen wir Kirchen. Wenn ein Einzelner stirbt und die Hinterbliebenen mit ihrer Not zurechtkommen müssen, ist das sehr individuell. Wie hast du vorhin gesagt? Eigentlich müsste die Welt still stehen …

B: … aber sie steht nicht still.

N: Ich kann mich an einen Morgen erinnern, als ich aus dem OP kam, es war eigentlich alles gut gegangen, aber auf meiner Station war jemand gestorben. Wir standen da und schauten aus dem Fenster, die Ehefrau und ich, und sie sagte zu mir: »Es kann doch nicht sein, dass es heute nicht regnet.« Ich habe erst im zweiten Moment verstanden, was sie meinte. So ergeht es Menschen, die einen Verlust erleiden, so fühlt sich das an. Jüngst hat ein Patient, der seine Frau verloren hat, zu mir gesagt: »Meine Welt liegt in Trümmern.« So fühlt es sich an – nichts ist mehr, wie es war.

B: So ist es ja auch. Eine gute Freundin von mir hat ihren Mann verloren, als die Kinder noch ziemlich klein waren. Die Welt lag in Trümmern, aber du musst einfach weitermachen. Wobei, da korrigiere ich mich, was heißt schon, du musst: Natürlich darfst du immer auch verzweifeln und dir Hilfe holen. Ich finde, beim Trauern gibt es kein Muss. Selbst wenn ich Verantwortung für andere trage – wenn es nicht geht, geht es nicht. Dann braucht es ein Umfeld, das dich auffängt und in dem sich auch deine nächsten Angehörigen, etwa deine Kinder, sicher und geborgen fühlen.

Jeder trauert so, wie es für sie oder ihn richtig ist. Aber dass die Welt in Trümmern liegt, das kann ich mir vorstellen.

N: Wenn ich an die verwaisten Großeltern auf dem Friedhof denke, an meine Patienten oder auch an meine eigenen Erfahrungen – dieses Gefühl kennen, glaube ich, alle, die je einen schweren Verlust erfahren haben.

B: Als mein Vater gestorben ist, ging mir das anders. Schon bei meiner Mutter lag die Welt nicht in Trümmern, in beiden Fällen war da große Trauer, aber auch eine Erleichterung, weil das Leiden meiner Mutter ein Ende hatte und mein Vater tatsächlich so gehen durfte, wie er wollte. Aber nach dem Tod meines Vaters war da etwas anderes. Dieses: »So. Jetzt gucke ich ins große Blaue. Jetzt ist der letzte Schutz vor der Ewigkeit gefallen. Jetzt stehe ich in der ersten Reihe.« So alt und zerbrechlich mein Vater auch war: Es fühlt sich anders an, wenn es noch jemanden in der Generation über dir gibt. Für mein Leben war es wichtig, dass ein Elternteil noch da war. Jetzt ist das anders.

N: Du hast im Zusammenhang mit deinem alten Vater davon gesprochen, dass es schön sein kann, den Tod als Geschenk anzunehmen. Das kann sehr schwierig sein …

B: Ja, das geht nur, wenn es ein Tod war, mit dem man leben kann. Das ist so, glaube ich: Man muss mit dem Tod auch leben können. Wenn ein Kind stirbt, kann ich mit dem Tod erst mal gar nicht leben, stelle ich mir vor. Oder wenn ein Mensch gewaltsam umkommt, wenn ein Mensch getötet wird. Damit kann man nur schwer leben. Ich habe vor einiger Zeit die Familie Ladenburger kennengelernt, deren

Tochter Maria 2016 vergewaltigt und ermordet worden war. Ich habe die Eltern sehr bewundert. Sie waren so fest verankert in ihrem christlichen Glauben und konnten wirklich trauern. Ich meine, sie werden auch ihre tiefen und dunklen Stunden haben. Aber dass sie keinen Hass gezeigt haben und sich wirklich distanzieren von allen, die versucht haben, diesen Tod zu instrumentalisieren – das hat mich sehr beeindruckt. Da konnte man viel fürs Leben lernen.

N: Ich glaube, es ist eine gesellschaftliche Aufgabe, sich darüber zu verständigen, wie die notwendige Unterstützung und Gemeinschaftlichkeit aussehen könnten, die einen in solchen Krisen auch tragen. Damit niemand zwischen den Trümmern allein ist.

B: Darüber sollten wir noch ausführlicher sprechen, denke ich.

N: Das sollten wir unbedingt. Zunächst allerdings müssen wir über die soziale Dimension des Sterbens reden, Elke. Auch das ist ein Teil der Veränderung unserer Sterbekultur. Die Ökonomisierung unserer Lebenswelten ist auch im Tod erlebbar.

B: Wenn wir uns anschauen, was von der römischen Besiedlung in Köln und anderswo geblieben ist, diese prächtigen Gräber – ein schönes Begräbnis war historisch betrachtet offenbar nicht nur für die Toten ein wichtiges Anliegen, sondern auch eine Frage des Ansehens für die Familien. Das hat sich geändert. Trotzdem ist die Frage, wo und wie ich bestattet werde, sicherlich auch eine Geldfrage. Es ist traurig, wenn die Wünsche eines Verstorbenen nicht erfüllt werden, weil sie einfach nicht bezahlt werden können. Nicht umsonst gibt es den Tourismus in unsere östlichen Nachbarländer, wo das Einäschern günstiger ist. Meines Wissens werden dort auch Bestattungen vorgenommen.

N: Das widerstrebt mir, wirklich. Warum begreifen wir das nicht viel stärker als Gemeinschaftsaufgabe?

B: Ich bin mit diesem Themenkomplex sehr konkret als Verwaltungsrichterin in Berührung gekommen. Da liest du dann plötzlich, wie viel das Land Berlin als Sozialhilfeträger für Bestattungen zahlt. Es gibt zwar eine Vorstellung davon, dass auch ein Mensch, der arm verstirbt, eine würdige Bestattung hat, insofern ist es schon eine Gemeinschaftsaufgabe. Aber manchmal wird es unwürdig. Etwa bei der Frage, ob das in einer Versicherung angesparte Geld beim Sozialhilfeempfänger verbleiben darf. Bei der Sterbegeldversicherung jedenfalls war das furchtbar für ältere Menschen: Bei der Entscheidung über die Sozialhilfe bestand die Möglichkeit, dass sie das Geld, was sie vielleicht ihr Leben lang gespart hatten, um schön bestattet zu werden, nun möglicherweise für ihren Lebensunterhalt würden einsetzen müssen. Meine Eltern hatten so eine Versicherung, und bei uns im Siegerland gab es den Verein »Hilfe am Grabe«. Das waren Versicherungsvereine: Die Familien im Dorf wurden Mitglied, und immer, wenn jemand starb, sammelten andere Vereinsmitglieder Geld und gaben es der betroffenen Familie. Entstanden ist dieses System in den 1920er-Jahren, also nach den Verheerungen des Ersten Weltkriegs. Man wollte sicherstellen, dass die Menschen in Würde beerdigt werden, aber klar war auch, dass das teuer ist. Ich finde es außerordentlich wichtig, das als Gemeinschaftsaufgabe zu begreifen.

N: Ich bin wirklich schockiert über das, was du da von den Sterbegeldversicherungen bei Sozialhilfeempfängern erzählst. Aber das passt zu einem anderen Befund: Wir wissen ja, dass auch Leben und Lebenserwartung eng mit dem sozioökonomischen Status verknüpft sind. Wenige Befunde der heutigen Gesundheitswissenschaften sind so unstrittig. Wir können nicht genau erklären, warum, die Ursachen sind nicht eindeutig: Liegt es tatsächlich am Geld, können sich ärmere Menschen die medizinische Versorgung nicht so leisten wie wohlhabendere? Das dürfte in unserem Land eigentlich keine Rolle spielen, weil wir durch die gesetzlich verpflichtende Krankenversicherung gleiche Zugangsmöglichkeiten für alle haben. Ist es dann eine Bildungsfrage, also wie gesund verhalte ich mich? Ist es eine Frage schlechter Ernährung, die frühzeitig zu Erkrankungen führen kann? Jedenfalls gibt es eine deutliche Differenz in der Lebenserwartung in Abhängigkeit von der sozialen Situation. Und wenn wir davon sprechen, dass die Schere zwischen Arm und Reich größer wird, wächst gleichzeitig auch die Schere bei der Lebenserwartung zwischen Arm und Reich. Ganz konkret. Meinen Studierenden sage ich immer: »Es geht um die Frage: Werde ich siebzig oder achtzig Jahre alt?« Zehn Jahre – das ist viel Zeit. Und auch die Frage, wie ich meine letzten Jahre verbringe, ob ich zum Beispiel an chronischen Erkrankungen leide oder nicht, ist eng daran geknüpft. Menschen werden früher krank und sterben früher, wenn sie sozial in einer schwächeren Situation sind. Wenn das nun alles nicht nur im Hinblick auf das Leben, sondern auch auf das Sterben, den Tod und die Erinnerungskultur durchschlägt, haben wir es mit einer gravierenden sozialen Spaltung zu tun. Dazu noch ein Beispiel: Es kann ein Motiv für die Körperspende sein, dass die Kosten für die Bestattung nicht selbst aufgebracht werden können, sondern von der Universität übernommen werden. Das haben mir Angehörige erzählt. Auch das deutet auf ein existenzielles Auseinanderdriften der Gesellschaft hin.

B: Ich würde an erster Stelle natürlich immer sagen, dann müssen wir die Lebensbedingungen verbessern. Vielleicht ist es idealistisch, aber ich denke immer, wir können diese Spaltung hoffentlich dann zu großen Teilen überwinden, wenn wir es schaffen, Menschen ökonomisch zu unterstützen und Kinder in ihrem Leben, in der Schule, durch Bildung auf einen guten Weg zu bringen. Damit würde auch ein früheres Versterben aufgrund von sozialer Not unter Umständen verhindert. Aber wenn es zum Ärgsten kommt, haben wir als Gemeinschaft die Verpflichtung, jeder Frau, jedem Mann, jedem Jugendlichen, jedem Kind eine würdige Bestattung zu ermöglichen. Da bin ich mit dir einer Meinung. Für die Sterbenden und die Lebenden ist es wichtig.

N: Und was die Gesundheit angeht: Vor dreißig Jahren war ich fest überzeugt, dass die Unterschiede mit dem Zugang zum Gesundheitssystem zu tun hätten, wie in den USA, wo die Zugangsfrage eine finanzielle ist. Inzwischen weiß ich auch aus eigener Forschung: Potenzieller Zugang ist nicht gleicher Zugang. Menschen trauen sich nicht, Menschen haben sprachliche Schwierigkeiten, vielleicht könnten sie ihre Symptome nicht korrekt benennen. In einem System, das für so etwas keine Sensibilität aufbringt, gehen sie einfach unter. Nicht zuletzt die Diskussion um die Impfquote bei Corona hat wieder gezeigt, wie blind wir auf diesem Auge sind. Wir haben viel zu lange gebraucht, um zu begreifen, dass wir die Impfangebote in bestimmten Stadtteilen viel direkter an die

Menschen herantragen müssen, weil diese den Zugang sonst nicht allein finden.

B: Corona. Damit, würde ich sagen, sind wir beim nächsten Thema.

3. »Ich hätte am Tod nichts ändern können. Aber ich hätte da sein müssen.« Lernen aus der Pandemie: Der verstörende Tod und die Suche nach Trost

B: Die Corona-Pandemie war und ist ein Einschnitt – in Sachen Krankheit, Sterben und Tod sicher der größte und härteste seit Jahrzehnten. Manche sprechen von einer neuen Zeit.

N: Menschen, die Krieg und Katastrophen wie die AIDS-Epidemie erlebt haben, würden vielleicht etwas anderes sagen. Aber auch für mich war Corona die spürbarste Zäsur in unserem gesellschaftlichen Zusammenleben, seit ich denken kann.

B: Für so viele Menschen wurde ihre Infektion mit diesem Virus zu einer Lebensbedrohung – quer durch alle Bevölkerungsgruppen, natürlich insbesondere für Ältere. Selbst die drastischen Maßnahmen zur Eindämmung der Pandemie stoßen immer wieder an Grenzen: In der zweiten und dritten Welle starben immer mehr Menschen, gerade in unseren Alten- und Pflegeheimen. Die Zahlen haben mich erschreckt. Aber nicht nur die Zahlen, auch die Bilder: Bergamo, New York, Meißen in Sachsen; Särge, die sich stapelten, auf Lastwagen weggefahren wurden. Das widerspricht all dem, worüber wir, Eckhard, bisher miteinander gesprochen haben: das würdige Abschiednehmen, die Vorstellung, begleitet zu sterben. Wir haben festgestellt, dass Sterben und Tod in der Moderne im Grunde genommen planbar sind. In der Pandemie war und ist das Gegenteil der Fall. Corona hat Menschen und Familien überfallen, die überhaupt nicht damit gerechnet haben, ihre Großeltern, ihren Vater, ihre Mutter, vielleicht auch ihr erwachsenes Kind zu verlieren. Angst spielt während dieser Zeit eine herausragende Rolle. Und Einsamkeit. Das sind die bestimmenden Gefühle. Hinzu kommt die Isolation, in die wir uns immer wieder begeben müssen und mussten. Die Isolation, in die wir unsere Kranken gegeben haben. Und die Isolation, in der Menschen gestorben sind, bestattet nur im allerkleinsten Kreis. Wie ist das für dich? Wie nimmst du das alles als Arzt wahr?

N: Ich habe enge Beziehungen nach Wuhan, weil ich Präsident eines deutsch-chinesischen Krankenhauses am Tongji Medical College bin. Insofern habe ich früh, Ende Dezember 2019, Anfang Januar 2020, in der Kommunikation mit den Kolleginnen und Kollegen mitbekommen, dass sie es dort mit einer neuen Form von Lungenentzündung zu tun hatten. Ich habe das in seiner Tragweite nicht erfasst: Kann ja mal sein, dass man die Ursachen für ein häufig auftretendes Krankheitsbild nicht sofort identifizieren kann. Wenn mehrere vergleichbare Fälle auftreten, dann muss man halt weitersuchen. Die Kollegen dort und die medizinische Versorgung sind wirklich sehr gut. Umso überraschter war ich von dieser völligen Überforderung: Das Virus breitete sich rasant aus, die Versorgung kam an ihre Grenzen. Auch Menschen, die ich aus einigen Jahren der Zusammenarbeit kannte, sind an dieser Krankheit verstorben, jüngere Kolleginnen und Kollegen in den Dreißigern und Vierzigern. Die Gefahr wurde mir also sehr wohl bewusst. Trotzdem habe ich noch Ende Februar, Anfang März 2020 bei einem Vortrag auf die Frage, ob ich eine Pandemie befürchte, gesagt: Nein. Obwohl ich China vermeintlich ganz gut kenne, konnte ich mir nicht vorstellen, dass das globale Netz so eng geknüpft ist, dass daraus auch Gefahren einer Pandemie entstehen können.

B: Wenn uns etwas vor Augen führt, dass wir eine Welt sind, dann vermutlich diese Pandemie.

N: Außerdem hat die Pandemie das Thema Gesundheit und Prävention ganz oben auf die Agenda gesetzt. Plötzlich stand bei uns der Schutz der Gesundheit vor allem anderen. Dabei hatte ich in den zurückliegenden Jahrzehnten immer stärker den Eindruck gewonnen, dass die Leitrationalität unserer Gesellschaft eine ökonomische ist. Natürlich hängen unsere Möglichkeiten, körperliches und gesundheitliches Wohlergehen herzustellen, auch von unserer Wirtschaftsleistung ab. Dass diese Leitrationalität dann in der Pandemie aber nicht über der Gesundheit stand, sondern …

B: … ihr diente …

N: … war eine, wie ich finde, einzigartige Entscheidung, die wir als Gesellschaft getroffen haben. Im positiven Sinne. Weil sie zeigt, wie wichtig uns jede und jeder Einzelne ist.

B: Jedes Menschenleben ist gleich viel wert. Und zwar unabhängig vom Alter. Wir stellen uns weder als Gesellschaft noch als medizinisches System die Frage, ob sich eine Behandlung bei einem älteren Menschen lohnt. Aber du hast recht: Das muss man sich erst mal leisten können.

N: Hättest du erwartet, dass viele Gesellschaften so radikal reagieren? Weltweit? Mit der Einstellung des Flugbetriebs, der Schließung von Grenzen, Schulen, Geschäften – und das alles zum Schutz des Lebens, um die Anzahl der Erkrankten, der schwer Betroffenen und der Toten so niedrig wie möglich zu halten?

B: Nein. Ich glaube, das haben wir uns alle nicht vorstellen können. Aber es hat zunächst gut funktioniert, nicht nur in China, wo aufgrund des politischen Systems Beschränkungen leichter verordnet werden können. Nein, auch in demokratischen Staaten waren die allermeisten Menschen bereit, massive Einschränkungen auf sich zu nehmen bis hin zur Isolation. Aber für viele war und ist gerade diese Einstellung des sozialen Lebens ungeheuer schwer. Und wir wissen nicht, wie es sich weiterentwickeln wird.

N: Ich finde, die Staatengemeinschaft und die Bevölkerung in vielen Teilen der Welt haben gezeigt, dass sie in der Lage sind, sich an übergeordneten Zielen zu orientieren – und das auch konsequent umzusetzen.

B: Als Nichtmedizinerin hat mich die Zahl der Todesfälle trotzdem entsetzt, und es macht mich noch immer traurig. Über Wochen und Monate hinweg wurde jeden Tag ein neuer Höchststand an Corona-Toten in den Nachrichten vermeldet. In der vierten Welle stehen wir nun an einem Punkt, an dem die Zahl der Sterbenden mit all den Schicksalen, die dahinterstehen, jeden Tag steigt. Mich erschüttert das zutiefst. Meine Erschütterung aber habe ich zunächst in der öffentlichen Diskussion kaum wiedergefunden. Ich weiß nicht, warum, ich hatte dafür keine Erklärung und habe mich deshalb gefragt: Nehmen wir es einfach hin, dass so viele Menschen sterben? Kümmert es uns so wenig, was in unseren Alten- und Pflegeheimen geschieht? Fehlt es uns an Empathie? Halten wir das für die Kosten, die eben zu zahlen sind? Oder messen wir dem Leben älterer Menschen doch weniger Wert bei?

N: Es heißt ja oft, Corona sei wie ein Brennglas und zeige Zustände in unserer Gesellschaft auf, von denen wir eigentlich wissen, dass es so nicht gehen kann. Jeder, der in den letzten Jahren bewusst ein Alten- und Pflegeheim betreten hat, konnte die schwierige Betreuungssituation erleben. Es herrscht schlicht Pflegenotstand, und der bringt Missstände mit sich, die uns im täglichen Miteinander betreffen müssten. Erst durch diese Erkrankung, durch die Gefährdung und auch den Tod von Menschen in den Pflegeheimen ist uns das so richtig vor Augen getreten. Und wo gab es die meisten Corona-Infektionen? Auch in dieser Hinsicht hat Corona ein Schlaglicht auf die Brüche in unserem Zusammenleben geworfen. Wir haben ja mit Blick auf die Lebenserwartung schon über Armut und Reichtum gesprochen. Für die Pandemie gilt jetzt epidemiologisch dasselbe: In prekären sozialen Verhältnissen hat Corona sich am schnellsten verbreitet, da sind die meisten Todesfälle zu beklagen. Die soziale Schere gibt es auch hier.

B: Auch im Gesundheitswesen führt uns Corona an Grenzen. Gerade auf den Intensivstationen ist das Personal heftig an sein Limit gestoßen. Schon ohne Corona braucht es viel Idealismus, um langfristig im Krankenhaus tätig zu sein. Pflegerinnen und Pfleger, auch Krankenhausärztinnen und -ärzte sind alles andere als überbezahlt, die Arbeitsbelastung ist enorm. Aber jetzt … Fast ein Jahr lang gab es keine Impfung, die Patienten waren hoch ansteckend, das Personal musste gleichzeitig sich selbst schützen und dafür sorgen, dass möglichst viele durchkommen. In einer Fernsehdokumentation, »Charité Intensiv«, sagt ein Arzt sehr müde, er habe es noch nie erlebt, dass auf der Intensivstation so viele Menschen sterben. Eigentlich seien sie es dort gewöhnt, Leben zu retten, aber auch hier habe Corona Grenzen aufgezeigt. Viele Menschen habe man eben nicht retten können. Die Schwestern sagten, sie hätten noch nie so viele Todesfälle erlebt. Selbst Pflegekräfte, die gelernt haben, mit dem Sterben umzugehen, brauchten irgendwann eine Auszeit. In einer anderen Dokumentation wurde gezeigt, wie ein Arzt mit Angehörigen darüber spricht, dass jetzt doch die Maschinen abgeschaltet werden müssen, weil die an Corona erkrankte Mutter es nicht mehr schafft. Die Person in dem Beitrag hatte Glück, der Arzt nahm sich Zeit, und sie konnte ihre Mutter sogar noch einmal sehen. Viele andere jedoch haben einen Menschen ins Krankenhaus gehen sehen. Und Wochen, vielleicht sogar Monate später standen sie vor einem geschlossenen Sarg.

N: Die Pandemie markiert tatsächliche Brüche in unserem Umgang mit Krankheit und Sterben. Du hast das schön deutlich gemacht: Die Anzahl der Personen, die in den ersten Wellen betroffen waren und gestorben sind, war prozentual ungewöhnlich hoch. Die Schnelligkeit, mit der ein Krankenhausaufenthalt notwendig wurde, war nicht mehr kalkulierbar. Wenn sonst jemand bei einer geplanten Operation auf die Intensivstation müsste, kann es natürlich auch mal sein, dass kein Intensivbett verfügbar ist. Dann aber wird die Operation verschoben. Das ist nicht immer schön für die Patientinnen und Patienten, aber man kann regulativ eingreifen. Das ist bei so einer Infektionskrankheit nicht möglich. Genauso wenig konnten wir eine medizinische Perspektive geben. Bei den uns bekannten Krankheiten weiß man, wie die wahrscheinlichen Verläufe aussehen und in welche Richtung man behandeln wird. Das gab es auch nicht. Erst im zweiten Corona-Jahr wurden Behandlungen auf der Intensivstation spürbar erfolgreicher. Na, und dann dieser Kontaktabbruch zu den Erkrankten, die Gefährdung der Mitarbeitenden, das ist ja eine enorme zusätzliche Belastung. Ich habe als Arzt und Chirurg in meinem ganzen Leben nie mit einer Sicherheitsausrüstung arbeiten müssen. Wir ziehen uns um, wir erzeugen Sterilität – aber vor allem, um die Patientinnen und Patienten zu schützen. Bei Corona muss man aufpassen, sich nicht selbst zu gefährden. All diese Facetten machen den Umgang mit dieser Erkrankung besonders, und das Virus hat uns auf etwas zurückgeführt, über das wir, Elke, bisher nur mit Blick auf vergangene Jahrhunderte gesprochen haben: den unkalkulierbaren, frühen, nicht erklärbaren Tod.

B: Der nicht erklärbare, auch nicht planbare Tod. Auch der ärztlichen Behandlungskunst sind Grenzen aufgezeigt worden. Ich weiß nicht, ob du mir da recht gibst, aber Erkrankung und Behandlung sind ja auch ein Stück weit Statistik. Ich habe eine Behandlungsmethode, ich habe ein Medikament, und ich weiß, in der Regel hilft das. Es ist gut, so strukturiert vorzugehen. Nur bei Corona hat das alles nicht so funktioniert. Bis heute sind der Verlauf und die Folgen der Krankheit unberechenbar. Relativ schnell hatte man statistische Erkenntnisse, dass es ältere, immungeschwächte, vorerkrankte Menschen stärker trifft. Aber es erwischt eben auch Zwanzig- oder Dreißigjährige oder auch noch Jüngere, die dann mit langwierigen Folgen kämpfen oder eben auch sterben können. Damit hängt auch ein Teil dieser Angst zusammen.

N: Ja, du hast gesagt, die Angst war und ist ein Leitsymptom der Krise. Ich denke, im Zusammenhang mit Krankheit, Sterben und Tod ist Angst immer ein Leitsymptom.

B: Das mag sein. Aber wenn ich in diesem besonderen Fall von außen auf das Gesundheitssystem schaue, habe ich den Eindruck, dass auch die Mediziner und Medizinerinnen suchend und tastend sind. Das bereitet mir Sorge. Es gibt so viele Meinungen über die beste Strategie und die notwendigen Maßnahmen. Das ist nach wie vor für viele sehr belastend. Und ich finde es in diesem vielstimmigen Kanon als Bürgerin schwer, mich zu orientieren. Wenn ich mir überlegen muss, wie ich mit der Lage umgehe und mich meinen Freunden, meiner Familie, meinem Umfeld gegenüber verhalte, zeigen ausgewiesene Virologinnen und Virologen teilweise Uneinigkeit und Unsicherheit. Gleichzeitig weiß ich natürlich, dass es bei einer völlig neuen Erkrankung nur suchend und tastend vorwärtsgehen kann. Die Entwicklung schreitet voran, die Impfungen, die ein großer Segen sind, haben uns das Gefühl vermittelt, dass wir wieder etwas in die Hand bekommen und dass es vorwärtsgehen kann. Aber ich finde das schon außergewöhnlich. Bei den Juristen bin ich es gewohnt, dass wir unterschiedliche Ansichten haben, die auch jeweils gut begründet werden können, was ich dann nachvollziehen kann. In diesem Fall – und ich glaube, so ging es vielen – wusste man nicht mehr, wem man vertrauen soll und wessen Argumenten man folgt. Wenn aber selbst die Expertinnen und Experten nicht mehr wissen, wie die Lage einzuschätzen ist, kann das eine Gesellschaft stark verunsichern.

N: Du beschreibst jetzt, wie sich die naturwissenschaftliche Medizin entwickelt hat, nämlich indem sie über Studien, Erkenntnisgewinn und Statistik den richtigen Weg definiert. Wenn man nicht zufällig an einer Krankheit leidet, die sehr selten ist, profitiert man von diesen wissenschaftlichen empirischen Erkenntnissen. Wenn man es aber, so wie jetzt in der Pandemie, mit etwas völlig Neuem zu tun hat, gibt es keinerlei Erfahrungen. Und fehlende Erfahrung bringt Unsicherheit mit sich. Das ist für alle Seiten eine große Herausforderung. Auch früher schon hatte die Menschheit mit neuartigen Viruserkrankungen zu tun. Aber noch nie erwartete man von Medizin und Wissenschaft so umfassend Orientierung. Auch da hat sich die Gesellschaft verändert. Wir erwarten heute viel mehr von der Wissenschaft als noch vor dreißig Jahren – im Sinne von: Hilf uns, in der Unsicherheit Lösungen zu suchen. Das ist ein wenig die frühere Rolle der Religion, wenn es um das Leben und Unsicherheiten geht.

B: Mir ist völlig bewusst, dass man Wissenschaftlerinnen und Wissenschaftlern zugestehen muss, erst mal zu forschen. Sie müssen abwarten, Risikoeinschätzungen vornehmen und offen benennen, wenn etwas unklar ist. Aber es braucht dann trotzdem den professionellen Mut zu sagen: Ich denke, das ist der richtige Weg.

N: Wissenschaft lebt vom Irrtum, Irrtum ist ein wesentlicher Beitrag zum Erkenntnisgewinn. Natürlich kann man schlecht sagen, wir leben vom Irrtum, wenn es um die Frage geht, ob mein Freund oder meine Freundin weiterlebt. Das macht es schwierig, aber etwas anderes kann Wissenschaft zunächst nicht leisten. Wenn du allerdings dem folgen willst, der für deinen Geschmack am überzeugendsten argumentiert und der dir am vertrauenswürdigsten scheint, bleibt das unter wissenschaftlichen Gesichtspunkten unerheblich.

B: Weil Vertrauen keine wissenschaftliche Kategorie ist!

N: Ja. Das ist meiner Wahrnehmung nach auch der Unterschied zur Politik. Wissenschaft sollte sich tunlichst darauf beschränken, das, was an Erkenntnis da ist, auch wirklich als solche zu vertreten. Was natürlich wahnsinnig schwer ist, wenn permanent neue Studien und Daten publiziert werden. Belastbarer wissenschaftlicher Erkenntnisgewinn braucht eigentlich Zeit. Wenn mich jetzt jemand fragen würde, ob wir weitere Probleme mit Corona bekommen, ja oder nein – ich würde nur antworten: eine blödsinnige Frage!

B: Du meinst, diese Frage kann man so schlicht gar nicht stellen?

N: Genau. Sie ist nicht mit Ja oder Nein zu beantworten. Wir wissen doch viel zu wenig! Das kann man auch der Politik nicht zum Vorwurf machen. Wir müssen damit leben, wir müssen akzeptieren und auch honorieren, dass auch Politik sich in einer solchen Situation irren kann. Remdesivir zum Beispiel war nicht die Lösung. Keine Ahnung, wie viele Tausend Dosen da in irgendwelchen Hallen lagern; es bringt nicht das, was wir erhofft haben. Aber jetzt zu kritisieren: Wie konntet ihr das alles kaufen? Der Vorwurf läuft ins Leere. Es war ein Irrtum, ich sehe da aber kein menschliches Versagen. Die Verantwortlichen können nur feststellen: Ich habe nichts versäumt, ich habe nach bestem Wissen gehandelt, ich muss das korrigieren. Und jetzt gehen wir einen anderen Weg.

B: Wenn ich als Bürgerin mal eine Regelung als widersprüchlich empfunden habe: Ich habe mich trotzdem daran gehalten, weil sie in einem rechtsstaatlichen Verfahren zustande gekommen war. Und die Gerichte werden in der Pandemie ihrer Kontrollfunktion wirklich gerecht …

N: Ich glaube, wir müssen uns öffnen für einen anderen Umgang mit Unsicherheit. In Unsicherheit kommt es darauf an, füreinander einzustehen. Gemeinschaft ist da die einzige wirkliche Lösung. Indem wir uns als Gemeinschaft an spezifisch festgelegte Regeln halten, kommen wir alle am besten durch. In einer Krise braucht es eine besondere Form von gegenseitiger Verlässlichkeit. Sicher: Manches ist tatsächlich tragisch, anderes nur ärgerlich, schwer nachzuvollziehen, ging schlicht am Leben vorbei. Die Regeln waren oft einfach nicht lebensorientiert. Mit lebensorientiert meine ich jetzt ganz bewusst auch das Sterben. Diese Situation, dass du deinen Mann, deine Frau, deinen Vater oder dein Kind einlieferst und keine Besuchsmöglichkeit hast, aus präventiven Gesichtspunkten – dieser Abriss von Kontakt, von Beziehungen, war extrem belastend, das wird mir in allen Gesprächen mit Angehörigen klar. Dieser Gedanke: Ich hätte am Tod nichts ändern können. Aber ich hätte da sein können – ich hätte da sein müssen.

B: Ich habe vor Kurzem mit einem Bestatter gesprochen, der sagte: »Ich habe Menschen bei mir gehabt, die waren komplett verstört. Weil sie einen Menschen ins Krankenhaus gegeben haben, dort nicht besuchen konnten, und nicht mal, als der Mensch tot war, durften sie ihn wiedersehen. Die Särge mussten ja verschlossen bleiben wegen der Infektionsgefahr.« Auch Menschen, die nicht an Corona verstorben sind, sondern einfach im Krankenhaus waren oder an anderen Erkrankungen litten, die sie das Leben gekostet haben, starben letztlich allein. Nicht einmal Bestattungen konnten so stattfinden, wie man es gewohnt war. Das wird uns als

Gesellschaft noch lange beschäftigen. Wir werden darüber reden müssen, was das mit den Menschen gemacht hat.

N: Ich finde das Wort dieses Bestatters sehr plastisch: verstört. Denn das war alles verstörend. Ich habe mit einer Angehörigen gesprochen, deren ältere Tante im Pflegeheim im Sterben lag, und zwar erkennbar nicht wegen Corona. Die Angehörige hatte, den Regeln des Pflegeheims folgend, sich eine Maske und einen Kittel angezogen, sie sollte Handschuhe tragen und hatte vorher einen Test gemacht. Jetzt fragte sie: Warum darf ich meine Tante nicht berühren? Es war ihr immer so wichtig, dass wir uns die Hand gehalten haben! Aber nein. Verboten. In der Tür stand ein Pfleger und hat die Begegnung überwacht. Die einfachsten Dinge, die im Umgang mit Krankheit, Sterben und Tod eine Bedeutung haben, die uns Halt und Trost geben, galten plötzlich nicht mehr.

B: Weil Lebensäußerungen, die uns eigentlich völlig selbstverständlich sind, anfassen, berühren, streicheln, einen Kuss geben, nun plötzlich gefährlich sein konnten.

N: Die Angehörige hat sich dann bei der Pflegedienstleitung beschwert. Antwort: »Sie haben recht, auf der einen Seite; ich kann auch nachvollziehen, dass Sie die Regelungen nicht verstehen. Auf der anderen Seite bin ich dankbar, dass meine Pflegekräfte die Regeln so strikt einhalten, weil sonst eben doch eine Gefährdung eintreten könnte.« Aber klar – das verstört. Die allgemeine nachvollziehbare Regel kann im Einzelfall völlig unangemessen sein.

B: Die Mutter eines Freundes hat ihren Ehemann verloren. Nicht an Corona, aber während Corona im Sommer 2020.

Er musste noch mal ins Krankenhaus, sie konnte ihn nicht besuchen, und er ist dann gestorben. Wir haben Bilder von der Bestattung gesehen. Das war traurig, weil da nur so wenige Menschen waren, der allerengste Kreis. Im Sommer danach, als es möglich war, gab es noch mal einen schönen Trauergottesdienst. Aber ich merke, dass die Frau bis heute unglaublich damit zu tun hat, dass sie nicht bei ihrem Mann sein konnte, als er gestorben ist.

N: Das unterstreicht, was wir in anderen Kontexten besprochen haben. Wie wesentlich die persönliche Begegnung und das Nicht-allein-Sein für beide Seiten ist, für diejenigen, die sterben, wie für diejenigen, die zurückbleiben. Das ist immer ein Wechselspiel. Denn der Tod ist, ähnlich wie die Geburt, auch ein soziales Ereignis. Ein individuelles, aber eben auch ein soziales.

B: Mir ist das sehr auf die Seele gefallen, dass man Menschen nicht begleiten konnte. Wir hatten ja nun mehrere Todesfälle in dieser Zeit, in der Familie, aber auch im engen Freundeskreis. Als dann die Beerdigung anstand, war auch alles anders. Anstatt in Frieden zu trauern, mussten wir darüber nachdenken: Wen laden wir ein? Wer darf kommen, wenn die Zahl der Gäste so strikt beschränkt ist? Nehmen wir uns am Grab in den Arm? Um Gottes willen, hoffentlich sitzen wir nicht zu eng beisammen! Listen führen, Maske tragen: Ich fand das schrecklich. Es hat mich zusätzlich traurig gemacht, dass ich mich mit so viel anderem Kram beschäftigen musste, anstatt einfach zu sagen: »Da ist ein Mensch gestorben, den ich gerne mochte und der mir wichtig war.« Das hat sich so fremd angefühlt, das hätte ich mir gerne erspart.

N: Ich stimme dir zu. Das wird uns noch länger beschäftigen, und zwar nicht nur mit Blick auf die Todesfälle direkt durch Corona.

B: Es betrifft alle, die in der Corona-Zeit Krankheit und Tod erleiden, unterschiedslos. So war auch die Gedenkfeier des Bundespräsidenten angelegt. Ich persönlich jedenfalls habe es als sehr belastend empfunden, nicht in Frieden trauern zu können.

N: Ich bin da vorwurfsfrei, mir ist bewusst, dass alle Einschränkungen in einer Situation großer Unsicherheit beschlossen worden sind. Aber ich würde mir spätestens jetzt eine Auseinandersetzung wünschen, was wir aus dieser massiven Krise, die noch andauert, lernen können. Wo gab es vielleicht doch eine gewisse Corona-Panik? Wo wurden Restriktionen beschlossen, um auf keinen Fall etwas falsch zu machen? Was hätten wir, bei allen Schutzkonzepten, im Hinblick auf die Zuwendung anders machen können? Aus Gesprächen weiß ich, dass auch Pastorinnen und Pastoren durchaus mit sich ins Gericht gehen, weil sie sich fragen: »War es richtig, dass wir uns so stark zurückgezogen haben, hätten wir nicht doch mehr beim einzelnen Menschen sein müssen?«

B: Es geht nicht um Schuld. Aber es braucht eine konstruktive Auseinandersetzung mit dem, was vielleicht besser anders gehandhabt worden wäre. Mich hat zum Beispiel der Umstand gepackt, dass wir in unseren Alten- und Pflegeheimen so überproportional viele Sterbefälle hatten. Das lag sicherlich auch daran, dass alte Menschen sehr viel anfälliger sind für einen schweren, tödlichen Verlauf der Erkrankung. Aber warum hat es so lange gedauert, bis wir als Gesellschaft

Maßnahmen ergriffen haben, um diese Menschen zu schützen? Warum musste die Reaktion dann sein, dass überhaupt kein Besuch mehr möglich war? Wie kann man so etwas in Zukunft anders regeln?

N: Man muss das vorsichtig formulieren, aber vielleicht haben wir wirklich manchmal überzogen. Es gab Corona-Maßnahmen, die ergriffen wurden, um Krankheiten und Sterbefälle zu vermeiden. Aber es gab daneben Krankheitssituationen und Sterbefälle, die wir nicht vermeiden konnten und die mit Corona nichts zu tun hatten. Dort hätten wir besser hinschauen müssen, da wurde zu selten nach konstruktiven Lösungen gesucht.

B: Ich finde schön, dass du das sagst, weil dieses Eingeständnis von ärztlicher Seite kommen muss.

N: Nein, da hat etwas nicht funktioniert. Ich glaube, das muss man anerkennen.

B: Anerkennen – und aufarbeiten.

N: Wenn es um unwiederbringliche Situationen geht, ist das mit dem Aufarbeiten so eine Sache. Es gibt Narben aus der Corona-Zeit, die bleiben. Menschen, die krank geworden sind, selbst solche mit Long-Covid, werden eines Tages hoffentlich wieder ganz rehabilitiert. Aber wenn jemand einsam verstorben ist – das lässt sich nicht mehr heilen.

B: Da kann man nur im Nachhinein versuchen, den Angehörigen Trost zu spenden. Und es für die Zukunft besser machen. Aber ich kann verstehen, wenn Menschen, die zutiefst betroffen sind, Vorwürfe haben.

N: Das ist typisch für Krankheit, vielleicht auch typisch für den Tod oder den zu frühen Tod: Vorwürfe sind in gewisser Weise vergleichbar mit der Warum-Frage: Warum bin ich betroffen? Warum ist das so? Auf diese Frage gibt es keine Antwort.

B: Diese Fragen sind erst einmal sehr menschlich. Sie können sehr erleichternd sein. Früher haben die Menschen über Gott gelästert und Gott beschimpft, um sich frei zu reden. Es schafft etwas von der Seele weg, wenn ich mich irrational äußere.

N: Ich kann das Gefühl verstehen, ich kann auch die Wut verstehen, die vielleicht einen Ausdruck braucht. Es macht sie nur nicht produktiver, wenn sie an einen vermeintlichen Verantwortlichen adressiert wird. Für beide Seiten ist es schwierig, diese Spannung auszuhalten. Die einen wollen sich erklären und sagen: »Aber ich hab's doch nur gut gemeint, das müssen Sie doch verstehen.« Die anderen finden: »Das kann man nicht verstehen, denn auch wenn Sie es gut gemeint haben, haben Sie es schlecht gemacht.« Aber da jetzt zu klagen, vielleicht sogar juristische Klagen anzustreben, bringt keine Lösung für eine Situation, die nun einmal eingetreten ist.

B: Es nimmt das Leid nicht weg.

N: Das meine ich. Da hilft dann nur Trost oder Beistand. Deswegen war es auch so wichtig, dass sich die Kirchen und der Bundespräsident dieses Themas annehmen. Öffentliches Gedenken ist ein Signal an die Hinterbliebenen: Ihr seid nicht allein, der Staat nimmt euch wahr in eurem Leid und Verzweifeltsein.

B: Ich werde nicht ausgegrenzt, weil ich etwas Dunkles in mir trage, sondern ich werde angenommen mit meinem Leid.

N: Es heißt eben nicht: Der Himmel ist blau, und die Erde dreht sich weiter. Sondern: Es gibt Schatten, und diese Schatten werden gesehen und angesprochen, und sie werden Teil einer kollektiven Erinnerung.

B: Dabei liegt es an uns, ob aus dieser kollektiven Erinnerung eine kollektive Erzählung wird, mit der wir als Gesellschaft bestehen können. Ich finde es wichtig, dass wir auch anerkennen, wie solidarisch wir handeln, denn das kann uns Mut machen. Ich glaube aber zugleich, dass wir nach vorne denken müssen. Der Mensch ist ein lernendes Wesen, auch Institutionen können lernen. Vielleicht ist das kein Trost für den Einzelnen. Aber wenn wir alle etwas lernen und in der Lage wären, für die Zukunft Verbesserungen einzuführen, könnte das ein Trost für die Gesellschaft und vielleicht auch für die Einzelne oder den Einzelnen sein.

N: Es gibt da noch ein anderes Thema, das mich schon lange wissenschaftlich umtreibt. Die Pandemie hat es jetzt auf die Agenda gehoben: die Frage der Priorisierung.

B: Du meinst die viel diskutierte Triage?

N: Wir sollten nicht von Triage sprechen, das ist ein Begriff aus der Militärmedizin, der wirklich nur für akute Not- und Rettungssituationen verwendet werden sollte. Priorisierung meint die Verteilung knapper Mittel. In der Transplantationsmedizin haben wir damit zu tun, wenn es um die Frage geht, welche Patientinnen und Patienten ein Spenderorgan bekommen. Aber das war außergewöhnlich, die Leute haben immer gesagt: »Okay, Sonderfall Transplantation, das kann man nicht ändern, da ist das so.« In allen anderen medizinischen Bereichen dürfen wir eigentlich nicht priorisieren. Jetzt hingegen hatten wir, jedenfalls solange der Impfstoff knapp war, eine Priorisierungsdiskussion mit Blick auf die Impfung. In manchen Ländern wurde über die Priorisierung hinaus auch von Triage-Entscheidungen bei Krankenhausleistungen und Intensivbetten gesprochen. Früher haben mir Juristen immer vorgehalten, das ginge nicht: Menschen sind gleich, ich kann nicht den einen wichtiger nehmen als den anderen. Wie siehst du das?

B: Von meinem Standpunkt als Juristin würde ich sagen: Wenn du ein knappes Gut hast, musst du schauen, wie du es verteilst. Das ist schon richtig so. Die Priorisierung, wenn sie unabwendbar ist, muss nach nachvollziehbaren Kriterien erfolgen. In der Impfdiskussion war es notwendig und legitim, Gruppen zu bilden.

N: Das deutsche Gesundheitssystem als Ganzes war ja in der Pandemie bislang nie wirklich überfordert. Dankenswerterweise waren wir nicht in Situationen, wie sie aus anderen Ländern berichtet wurden, wo man tatsächlich Triage-Entscheidungen treffen musste.

B: Ein Gedanke hat mich in der Hochphase der Pandemie allerdings sehr bedrückt: dass gerade die Menschen in den Alten- und Pflegeheimen unter Umständen gar nicht erst ins Krankenhaus kamen. Manche haben da von einer »stillen Triage« gesprochen – zu einer intensivmedizinischen Behandlung ist es erst gar nicht gekommen. Das wurde zumindest befürchtet …

N: Hier würde ich nicht von einer »stillen Triage« sprechen. Der Verlauf von Corona-Erkrankungen, gerade bei Menschen jenseits des achtzigsten Lebensjahres, ist nicht selten sehr schnell und tödlich. Insbesondere bei schon bekannten Vorerkrankungen und angesichts der Tatsache, dass SarsCOV-2 nicht zielgerichtet behandelt werden kann, war und ist die Einweisung solcher Patienten in ein Krankenhaus nicht unbedingt gerechtfertigt. So eine medizinische Entscheidung wird auch aus Respekt vor den Betroffenen getroffenen. Aber: Dass man eine Behandlungskapazität nicht zur Verfügung stellen kann, ist tatsächlich die schwierigste aller denkbaren Situationen. Wir üben das in der medizinischen Ausbildung, indem wir Fallbeispiele mit den Studierenden besprechen und fragen: »Was würden Sie denn tun, wenn Sie nur soundso viele Medikamente haben oder ein Organ, aber drei wartende Patienten? Nach welchen Kriterien würden Sie versuchen, das zuzuordnen? Und was sind ethisch gerechtfertigte, unter Umständen aber auch rechtlich bedenkenswerte Kriterien?«

B: Das Alter ist bei uns definitiv kein Grund, jemandem eine Behandlung vorzuenthalten.

N: Eher im Gegenteil.

B: Genau, weil ältere Menschen besonders vulnerabel sind, sind sie zum Beispiel bei der Impfung vorgezogen worden. Für mich entscheidet sich an dieser Frage die Humanität einer Gesellschaft. Dass wir kein Leben, egal wie alt, egal wie gesund oder krank, dass wir kein Leben geringer schätzen als das andere.

N: Einmal in meinem Leben habe ich wirklich den Ernstfall einer Triage erlebt, bei dem Zugunglück von Eschede, 1998. Ich war damals in der Chirurgie in Hannover tätig, was in der Nähe des Unglücksortes liegt. Wir hatten einen normalen Vormittag im OP, und auf einmal erreicht uns die Katastrophenmeldung, dass eben dieser ICE entgleist ist – mit einer noch unüberschaubaren Anzahl von Verletzten. Für solche Fälle gibt es Notfallpläne, und wir als größtes Krankenhaus in der Region hatten da eine besondere Funktion. Also musste ich mit anderen Kollegen in der Notaufnahme mit Blick auf unterschiedliche Verletzungsgrade entscheiden, wer wird jetzt als Erster versorgt. Es waren zu viele Patienten, um alle gleichzeitig zu behandeln. Dann ist eigentlich die Schwere der Verletzung entscheidend, aber eben auch die Grenze, an der du zu der Einschätzung kommst, egal was ich jetzt hier tue, da besteht keine Rettungsmöglichkeit mehr. Dieser Abwägungsprozess ist ein schmaler Grat, und die Wahrnehmung aus ärztlicher Perspektive bleibt nicht selten unzureichend. Man würde vielleicht gerne ein CT machen, also zusätzliche Diagnostik, dafür würde man aber eine halbe Stunde Zeit brauchen – doch hast du die? Also behandelt man den Patienten, von dem man annimmt, dass er die schwerste Verletzung hat, aber eben zumindest noch eine diagnostisch begründete Lebensperspektive. Mir geht diese Erfahrung unverändert nach, noch nach mehr als zwanzig Jahren. 101 Tote, 88 Schwerverletzte. Und man weiß, man entscheidet in Unsicherheit. Das sind wir nicht gewöhnt in der medizinischen Versorgung.

B: Das stimmt. Du bist es nicht gewöhnt, auf einer so unsicheren Datenbasis zu arbeiten. Aber solange du deine Entscheidungen aufgrund deiner Erfahrung, deiner Expertise triffst und nicht auf Basis von Vorurteilen, ist das Ergebnis nicht zu beanstanden. Das liegt einfach in deiner Verantwortung als Arzt.

N: Aber auch diese Verantwortung hat Corona zu einer echten Herausforderung für alle gemacht, die in der medizinischen Versorgung tätig sind. Wir müssen respektieren, dass es durch die Fokussierung auf diese Infektionskrankheit zu Benachteiligungen von Patientinnen und Patienten gekommen ist, die andere Gesundheitsprobleme hatten. Und die Berichterstattung über knappe Behandlungsplätze hat bei vielen Menschen Angst ausgelöst. Mit dem Thema gesundheitliche Gefährdung, auch Gefährdung des Lebens, muss man besonders sorgsam umgehen.

B: Das ist einfach ein sehr empfindlicher Punkt. Wer in ein Krankenhaus geht, liefert sich aus als Mensch. Schon allein der Umstand, dass du da in einem Schlafanzug in einem für andere zugänglichen Zimmer liegst – so würdest du dich ja nie in die Öffentlichkeit, auf die Straße begeben. Obwohl das vielleicht lächerlich klingt: Ich fühlte mich da immer so ungeschützt. Du wirst mit deiner Kleidung wieder ein Stück mehr autonomer Mensch.

N: Wer vertraut, hat weniger Angst, oder?

B: Ja, Vertrauen, und Menschen müssen mir die Angst nehmen, die dadurch entsteht, dass ich überhaupt in diese Institution reinmuss, weil ich krank bin, vielleicht sogar lebensgefährlich erkrankt.

N: Das lässt sich auf unsere Diskussion über das Sterben und den Tod übertragen. Auch da spielt Vertrauen eine große Rolle, um diesen unbekannten Weg, die wahrscheinlich unsicherste Phase meines Daseins, durchstehen zu können. Auch deshalb ist es so wichtig, in ein soziales Umfeld eingebettet zu sein.

B: Auch wenn wir uns als Gesellschaft eigentlich davor scheuen, uns mit Krankheit, Sterben und Tod zu befassen – durch Corona müssen wir uns intensiver damit auseinandersetzen. Die Pandemie hat keinen Sinn. Sie ist für nichts gut. Aber wenn wir konstruktiv etwas daraus lernen wollen, kann man vielleicht doch sagen: Sie stößt uns darauf, was uns am Ende des Lebens wichtig ist.

III.

»Ich will mein Sterben nicht erleben.«

Wege in den Tod – Hospizbewegung, Palliativmedizin und der Streit um die Sterbehilfe

B: Lieber Eckhard, über Selbstbestimmung haben wir schon gesprochen, darüber, was es bedeutet, wenn wir heutzutage Möglichkeiten haben, Leben zu verlängern, Leben zu retten, aber auch dann noch behandelt zu werden, wenn wir es eigentlich nicht mehr wollen. In diesem Kapitel soll es um Autonomie gehen und um Wege in den Tod. Was kann uns begleiten, was kann uns helfen? Ist uns unser Leben geschenkt, dürfen wir darüber verfügen? Dürfen wir entscheiden, wann wir gehen wollen? Wie weit geht die menschliche Autonomie? Bevor wir zu diesen Fragen im Detail kommen, könntest du als Arzt uns etwas über die Hospizbewegung erzählen. Wenn ich das richtig sehe, hat sich diese Bewegung entwickelt, weil die Medizin uns so viele Möglichkeiten gibt, die uns am Ende vielleicht auch überfordern.

N: Das hat zumindest miteinander zu tun. Die Idee des Hospizes hat einen christlichen Ursprung, sie stammt aus dem sechsten Jahrhundert. In Lübeck gibt es das Heiligen-Geist-Hospital, es wurde im 13. Jahrhundert errichtet, da kommt der Begriff letztlich her: Hospitalität heißt Gastfreundschaft. Die ersten Einrichtungen, die sich aus einem christlichen Selbstverständnis heraus um die Begleitung von kranken und auch sterbenden Menschen gekümmert haben, wurden Hospize genannt und waren damit gewissermaßen die Vorläufer unserer heutigen Krankenhäuser. In einem Hospiz fand man eine gastfreundliche Atmosphäre, in der Kranke gepflegt wurden. Es ging weniger ums Sterben. Wenn wir heute von Hospizen reden, kann man vor diesem Hintergrund sagen, dass es um Gastfreundschaft geht in einer Situation, mit der die Medizin schon immer gefremdelt hat. Wir haben bereits darüber gesprochen: Während wir auf der einen Seite mit der Medizin eine Profession haben, die hilft, den Tod zu vermeiden, haben wir auf der anderen Seite eine Profession, nämlich Pastorinnen und Pfarrer und Religion, die sich um den Übergang in ein anderes Leben, in einen anderen Seinszustand kümmert.

B: Du hast gesagt: Wenn der Tod kommt, wendet sich der Arzt oder die Ärztin ab.

N: Ja, und das ist mehr, als nicht hinzuschauen. Abwenden bedeutet, tatsächlich den Ort zu verlassen. Die Hospizbewegung entwickelt sich in einer Gesellschaft, die zwar über eine immer modernere und bessere medizinische Versorgung verfügt, aber das Sterben verbannt und keine Orte mehr dafür hat. Es waren Ehrenamtliche, die auf diese Leere reagiert und beschlossen haben, wir müssen etwas tun. Wir brauchen Orte. Und sie haben sich an diese christliche Tradition erinnert und gastfreundliche Räume für die letzten Tage und Stunden geschaffen. So sind Hospize entstanden. Das kam aber nicht aus der Medizin, sondern kam aus der Mitte der Gesellschaft, die sich um sterbende Menschen kümmern wollte.

B: Anders als auf den Palliativstationen der Krankenhäuser gibt es im Hospiz keine stationären ärztlichen Teams. Ich kenne es so, dass bei Bedarf die behandelnden Haus- und Fachärzte dazugeholt werden, so wie in Alten- oder Pflegeheimen. Ist das zutreffend?

N: Weil in unserem Land Regulierungen greifen, hat sich das ein bisschen geändert. Irgendwann stellt sich auch die Frage der Finanzierung. Kann man neben der Ehrenamtlichkeit auch Menschen fest einstellen? Dementsprechend gibt es heute die Möglichkeit, die Zeit im Hospiz durch Krankenversicherungen abzudecken. Das schließt aber eben keine ärztliche Rundumbetreuung ein. Auf der Palliativstation im Krankenhaus, in einer Reha-Klinik müssen Ärztinnen und Ärzte 24 Stunden am Tag vor Ort sein. Das ist im Hospiz nicht der Fall, die Leute dort werden mitbetreut von engagierten Kolleginnen und Kollegen. Häufig sind das Palliativmediziner, die die Patienten schon vorher aus dem Krankenhauskontext oder einer ambulanten palliativmedizinischen Betreuung kennen. Wenn die Patienten den Wunsch haben oder der soziale Rahmen zu Hause die Begleitung der Sterbenden nicht ermöglicht – wofür es gute Gründe gibt, vielleicht ist die familiäre Belastung zu groß oder die Pflegeunterstützung nicht da, vielleicht sind dort kleine Kinder, die völlig überfordert wären –, dann ist das Hospiz der Ort, an dem geholfen werden kann. Denn während Ärzte dort nur nach Bedarf nach ihren Patienten schauen, sind Pflege und Begleitung wirklich die ganze Zeit vor Ort und versuchen, eine Umgebung zu schaffen, in der

Abschied genommen werden und die Patientin loslassen kann.

B: In meiner Heimatregion gibt es ein Hospiz, das von einem katholischen Krankenhaus getragen wird. Es ist erstaunlich: Weil die Menschen dort diese Zuwendung haben, leben einige unerwartet länger. Es gibt eine seelsorgerische Unterstützung, und ich hatte auch den Eindruck, dass die Menschen, die dort arbeiten, zufriedener sind als Mitarbeitende in Krankenhäusern, die oft unter einem enormen Zeitdruck stehen. Hospize sind Orte des Lebens, das zeichnet sie aus. Für Kinderhospize gilt das noch einmal ganz besonders. Es sind Orte, an denen Eltern, Kinder und Jugendliche sich ausruhen können, und natürlich gibt es dort auch Räume zum Abschiednehmen. Entstanden jedoch ist die Hospizbewegung aus einer Not heraus.

N: Hospize sind auch eine Folge unserer veränderten Sozialstrukturen. Früher konnte man davon ausgehen, dass unterschiedliche Generationen zusammengelebt und sich gegenseitig versorgt haben. Ältere Sterbende, aber auch jüngere, waren Teil eines gemeinsamen, generationenübergreifenden Lebenskontextes. Im letzten Jahrhundert hat dann eine zunehmende Vereinzelung stattgefunden, die zur Folge hatte, dass es immer weniger soziale Zusammenhänge gibt, in denen Menschen in Krankheit und Sterben wirklich aufgehoben sind. Hospize sind Räume – und zwar für die Sterbenden und die Angehörigen. Du hast so schön von Orten des Lebens gesprochen. Hospize bieten Sterbenden eine neue Lebensperspektive, nämlich die Möglichkeit, auf gute Weise zu gehen. Sie helfen auch den Angehörigen als Orte des Trostes, das Sterben in das Leben zu integrieren. Sie eröffnen Möglichkeiten, um den Weg des Abschieds zu gehen. Anstatt im Chaos des Alltags zu versinken, begleiten die kulturellen Elemente unseres Daseins, Musik, Lichtmomente, ein gutes Klima im wahrsten Sinne des Wortes, den Weg. Der Tod verliert dadurch zwar nicht seinen Schrecken. Aber er wird eingebunden. Das ist wichtig.

B: Auch der Gesetzgeber hat das irgendwann erkannt. Seit 2007 gibt es im Sozialgesetzbuch einen Anspruch auf eine spezialisierte ambulante oder auch stationäre palliativmedizinische Versorgung. Auch die Hospize müssen seitdem nicht mehr von Spenden allein leben. Sie bieten eine hochspezialisierte Behandlung an, die Kosten werden übernommen. Als meine Mutter 2003 gestorben ist, gab es ambulante Palliativversorgung so noch nicht. Wie hat sich das entwickelt?

N: In meiner Wahrnehmung gibt es zwei Ebenen. Auf der einen Seite ist es tatsächlich eine Kulturrevolution für die Medizin, wenn sie nach 3000 Jahren den Tod integriert. Heute ist das kaum noch jemandem bewusst, aber wie ich erwähnt habe: Als wir 1996 in Hannover erstmals den Begriff der ärztlichen Sterbebegleitung in die Überschrift einer Leitlinie zur Behandlung von Patienten aufgenommen haben, war das Entsetzen groß. Kulturell war Sterbebegleitung keine Aufgabe für Ärztinnen und Ärzte. Der ärztliche Behandlungsauftrag lautete *In dubio pro vita*, im Zweifel für das Leben. Und Zweifel gibt es immer. Solange es aber keine Option war, eine antibiotische Behandlung einzustellen oder von der Dialyse abzusehen, befand sich die Medizin in einem Hamsterrad. Erst in den Neunzigerjahren gab es Diskussionen über Therapiereduktion und Therapieabbruch aufgrund des zunehmenden medizinischen Fortschritts. Auf einmal wurden andere Legitimationen für die medizinische Behandlung nötig – nicht nur das Überleben, sondern auch die Lebensqualität.

B: Hat damals schon der Aspekt der Autonomie eine Rolle gespielt? Die Frage, was der Patient oder die Patientin vielleicht noch wollen würde?

N: Wie gesagt, das waren parallele Entwicklungen. Denn tatsächlich wurde es für die Menschen in dieser Zeit zu einer zunehmend verunsichernden Vorstellung, als Patienten in dieses Hamsterrad der Medizin zu geraten, weil sie ahnten, da könnte ihnen eine lange Leidenssituation drohen ohne Aussicht auf Erfolg. Die Erfahrung von Schattenseiten des medizinischen Fortschritts hat dazu geführt, dass die Menschen misstrauisch geworden sind. Als wäre ein Stein ins Wasser gefallen, haben die ersten Angehörigen angefangen zu sagen: »Da will ich nicht rein. Das möchte ich für mich nicht.« Während also die Ärzte und Ärztinnen erkannt haben, dass sie Regeln für die Therapiebegrenzung und den Therapieabbruch brauchen, ist zeitgleich durch diese Verunsicherung auf der Patientenseite die Forderung nach Autonomie entstanden. Das meine ich mit parallelen Prozessen. So, wie es jetzt einen Anspruch auf palliativmedizinische Behandlung gibt, existiert eben auch die Möglichkeit, verbindlich eine Patientenverfügung zu unterschreiben und eine Betreuungsvollmacht auszufüllen.

B: Würdest du sagen, dass das eine Emanzipation der Patienten war? Schließlich haben die Menschen plötzlich gesagt: Ich möchte selbst entscheiden, solange ich noch bei Bewusstsein bin. Gewisse Maßnahmen möchte ich nicht, da möchte ich lieber sterben.

N: Die Einwilligung des Patienten war zumindest in meiner Berufslaufbahn immer Grundlage der Behandlung. Schon in den Neunzigerjahren war klar, dass ein Eingriff gegen den Willen eines Patienten oder einer Patientin einer Körperverletzung gleichkommt. Auch wenn das nicht leicht zu verstehen ist, wenn man denkt, man will helfen.

B: Ich finde das interessant: Helfenwollen als Übergriff. Juristen sagen, ohne Einwilligung ist jeder Eingriff eine Verletzung der körperlichen Integrität.

N: Mich irritiert der Begriff Verletzung in diesem Zusammenhang. Als approbierter Arzt oder approbierte Ärztin muss man zum Beispiel Erste Hilfe leisten. Das geht gar nicht anders. Wenn Menschen freiwillig aus dem Leben scheiden wollen, hindern wir sie daran, wenn wir sie retten. Weil wir sie retten müssen. Diese Grenze, wo beginnt die Einwilligungsnotwendigkeit, darf ich das, oder darf ich das eigentlich nicht, muss zwischen Jurisprudenz und Medizin immer neu austariert werden. Das ist nicht einfach. Gerade als junger Arzt hatte ich Einwilligungsgespräche, da saß mir ein Jurist gegenüber, und ich dachte: Na, dem werde ich jetzt aber mal ganz genau erklären, was hier alles passieren kann. Aus der Sorge heraus, dass ich sonst Schwierigkeiten kriege. So waren die Diskussion und Kultur in der Ärzteschaft damals geprägt. Manchmal habe ich dann in sehr erschrockene Gesichter geschaut. Und mich gefragt: Ist das jetzt eigentlich hilfreich? Um es mal drastisch zu sagen: Natürlich kann theoretisch jede Operation mit dem Tod enden. Aber wahrscheinlich liegt das Risiko im Promillebereich. Wie hilfreich ist es dann, so umfassend aufzuklären? Ich selbst habe das in meinen Aufklärungsgesprächen tatsächlich verändert. Ich frage seither: »Was möchten Sie wissen? Was hilft Ihnen, um

Ihre Entscheidung zu treffen? Brauchen Sie viele Details, ist es notwendig, wirklich jede Komplikation aufzulisten, oder möchten Sie lieber den Rahmen kennenlernen?« Ich bin der Überzeugung, dass Selbstbestimmung auch solche Abwägungen im Vorfeld miteinschließt. Denn Selbstbestimmung, so wie wir sie heute verstehen, ist ein soziologisches Phänomen, das die gesamte Gesellschaft ergriffen hat und damit eben nicht nur, aber auch die Medizin. Der Mensch sagt in allen Bereichen seines Lebens: Es ist ein Teil meiner Freiheit, meiner Grundrechte, dass ich selbst sagen kann, was ich will und wie ich mein Leben gestalte. Aber: Mit dieser Freiheit sind auch Zumutungen verbunden, nämlich entscheiden zu dürfen und auch zu müssen. Die Konfrontation damit, mit der Entscheidung über das eigene Weiterleben, kann sehr schmerzhaft sein.

B: Wie meinst du das?

N: Vor Kurzem hatte ich eine Diskussion mit einem Assistenzarzt, der einen schwer erkrankten Patienten aufgeklärt hat. Die Ehefrau war außer sich. Sie beschwerte sich: Wie könne es sein, dass ihr Mann so schonungslos mitgeteilt bekomme, dass er keine Behandlung mit Antibiotika erwarten dürfe, falls er noch einmal auf die Intensivstation müsse, und dass er jetzt bitte eine Patientenverfügung ausfüllen solle, damit klar sei, dass er keine Reanimation mehr will? Ich habe erst mal geschluckt, weil ich dachte: Das kann der Kollege doch unmöglich alles dem Patienten erzählt haben. Die Frau hatte vorher sogar deutlich gemacht, dass sie eine Betreuungsvollmacht besitzt und dementsprechend bitte angesprochen werden soll, wenn es um die Frage der weiteren Behandlung für ihren Mann geht. Aber der junge Assistenzarzt stellte sich auf den Standpunkt: »Wieso? Der Patient ist voll geschäftsfähig und nicht beeinträchtigt. Die Betreuungsvollmacht spielt keine Rolle.«

B: Im Grunde genommen hat er recht: Eine Betreuung wird immer nur für den Fall angeordnet, dass der Betreffende nicht mehr für sich selbst sprechen kann.

N: So ist es.

B: Der Mann konnte für sich sprechen. Dass er lieber seine Frau sprechen und entscheiden lassen wollte, wussten die beiden vielleicht, hat sich aber nach außen für deinen Assistenten so nicht dargestellt. Ich verstehe den jungen Mann, dass er sich nicht dazu überwinden konnte, primär eine andere Person als den Patienten selbst über diese ja offensichtlich sehr lebensgefährliche Situation aufzuklären.

N: Genau. Aber ich habe dann natürlich auch mit dem Patienten selbst geredet, und der war wirklich fast nicht mehr ansprechbar, weil er in eine reaktive Depression gefallen ist. An dieser Stelle merkt man: Rechtlich war wahrscheinlich alles richtig, auch ich kann die Argumentation des jungen Kollegen verstehen. Gleichzeitig gilt es auszutarieren, was einem Menschen hilft und was nicht. Das ist nicht leicht. Selbstbestimmung in einer schweren Lebenskrise ist meiner Wahrnehmung nach immer eingeschränkt. Ein gutes Beispiel dafür ist auch die Frage der Zustimmung zur Organspende. Da stirbt ein naher Angehöriger, und ich soll jetzt sagen: War er für oder gegen eine Organspende? In einer solchen Ausnahmesituation kann ich keine reflektierte Entscheidung treffen. So ist es natürlich auch als Patient, wenn ich eine Diagnose bekomme, die meine Existenz infrage stellt. Wir stellen uns Selbstbestimmung als eine überlegte

Bekundung unseres Willens vor. Wie sagt man so schön? Man schläft noch mal darüber. Aber das ist manchmal nicht möglich. Deshalb ist Selbstbestimmung in existenziellen Situationen per se etwas völlig anderes als das, was wir uns als Ausdruck von Freiheit und Würde gemeinhin vorstellen.

B: Du hast recht, wenn du sagst, in bestimmten Situationen lässt sich das Idealbild von Selbstbestimmung nicht leben. Weil ich Angst habe, weil ich überwältigt bin von Gefühlen und weil ich dann zu spontanen Entscheidungen neige, die ich sonst nicht getroffen hätte. Zudem spielt eine Rolle, dass ein bestimmter Behandlungs- oder Nichtbehandlungswunsch oder auch der Wunsch zu sterben vielleicht nur von begrenzter Dauer ist. So etwas kann sich ändern, je nachdem, in welcher Situation sich ein Mensch aktuell befindet. Wie machst du das als Arzt, Eckhard? Wenn du an den Punkt kommst, wo du sagst, hier ist aus medizinischer Sicht keine Heilung mehr möglich. Würdest du von dir aus eine palliative Begleitung ins Spiel bringen? Wie führst du solche Gespräche?

N: Wenn du mich fragst, was ich sagen würde – nehmen wir den Fall mit dem Assistenzarzt, über den wir gerade gesprochen haben. Natürlich weiß ich, dass dieser Patient wenige Chancen hat, seine Krankheit zu überleben, mit welchen Behandlungsmöglichkeiten auch immer: Ein Tumor im Bereich der Gallenwege wird meist erst sehr spät erkannt, weil er keine Beschwerden macht, und wenn er dann Beschwerden macht, ist er so weit fortgeschritten, dass es nur mehr vereinzelt eine kurative Behandlungsmöglichkeit gibt. In diesem Fall konnten wir nicht mehr operieren. Aber wie lenkt man das Gespräch? Heute gibt es das *Advanced Care Planning.* Mit den Patienten und den Angehörigen wird dabei über eine langfristige Behandlungsstrategie gesprochen, und es werden Vereinbarungen für den weiteren Verlauf getroffen. Aber auch das ist für die Patienten natürlich angstbesetzt. Ich habe früher, noch an der Medizinischen Hochschule Hannover, in schwierigen Situationen manchmal den Klinikpfarrer gebeten zu kommen. Nicht, damit sich ein Patient mit dem eigenen Sterben auseinandersetzt, sondern weil es nicht in unseren zeitlichen Möglichkeiten lag, ein tiefer gehendes Gespräch darüber zu führen, wo man eigentlich steht im Leben. Bei den Patienten und ihren Angehörigen hat das allerdings häufig einen Schock ausgelöst.

B: Das würde es bei mir auch!

N: Ja, vielleicht.

B: Wenn ich mir vorstelle, da steht plötzlich der Pfarrer oder die Pastorin vor meinem Bett …

N: Aber der Priester war ganz normal in Zivil gekleidet, so wie du und ich! Und ich hatte vorher gefragt …

B: Also du hast aufgeklärt, medizinisch …

N: Ja, und es ging nicht um Situationen, wie ich sie bei dem Tumorpatienten gerade beschrieben haben, sondern generell um die Frage: »Hilft es Ihnen, mal ein längeres Gespräch zu führen? Das schaffen wir vom Krankenhausteam nicht, aber der Klinikpfarrer kann Ihnen sicher helfen.« Trotzdem kam dann immer so ein Zurückzucken, an dem ich gemerkt habe, okay, diese alte Differenzierung wirkt noch, die Religion ist für das Sterben zuständig, nicht für ein Gespräch über familiäre Verhältnisse oder andere Probleme. Wenn der Klinikpfarrer kommt, ist das ein schlechtes Zeichen.

B: Stimmt, dann ist es doch wieder so wie früher. Wenn der Seelsorger am Krankenbett steht, ist das gar nicht gut, denn dann geht es ans Sterben.

N: Ich sehe das natürlich nicht so. Mir ging es um eine Erweiterung der Perspektive. Ich bin fest davon überzeugt, und das ist auch meine Lebenserfahrung, dass es immer wieder Situationen gibt, in denen man medizinisch aufgegeben hat – und jemand stirbt nicht. Weil die Erkrankung einen anderen Weg geht als normalerweise. Für mich ist das die Materialisierung eines Wunders. Das ist eine Offenheit, die für alle Patienten gilt, selbst wenn das Leben mit hoher Wahrscheinlichkeit auf einen kürzeren Zeitraum begrenzt sein wird. Wissen tut es keiner von uns. Diese Perspektive kann ein Pfarrer oder eine Pastorin möglicherweise besser vermitteln. Ich jedenfalls finde es einen ärztlichen Kunstfehler zu sagen: »Sie haben noch acht Wochen. Noch drei Monate.« Dabei wird das oft gemacht.

B: Das heißt, du gehst nicht auf den Patienten zu und sagst »du stirbst«, sondern du lässt das ein Stück weit offen, damit er sich selbst klar werden kann, welchen Weg er gehen möchte?

N: Wobei ich einen gewissen ärztlichen Paternalismus auslebe, indem ich großen Wert darauf lege, nicht an allen Optionen festzuhalten und unsinnige medizinische Maßnahmen aneinanderzureihen. Da sage ich schon: »Es macht keinen Sinn mehr, noch eine Chemotherapie zu machen. Ich würde Ihnen weder eine verordnen, noch würden Sie eine bei mir bekommen.«

B: Da kommt dann die Palliativmedizin ins Spiel.

N: Ja, und das ist eine Erweiterung für die Medizin. Früher geriet man da tatsächlich an so eine Grenze. Dank der Palliativmedizin gibt es Behandlungsoptionen in einer Situation, in der keine Heilung mehr möglich ist. Wenn Schmerzen auftreten, wenn Übelkeit auftritt, wenn eine den Körper aufzehrende Erkrankung dazu führt, dass der Mensch immer schwächer wird, gibt es jetzt Möglichkeiten, das so zu begleiten und die Symptome so zu reduzieren, dass er auf das Sterben zugehen kann. Diese Aufgabe der Palliativmedizin ist deutlich zu differenzieren von der Hospizsituation, weil hier noch interveniert wird. Es gibt zum Beispiel Patienten, die von einer Palliativstation noch mal auf eine Intensivstation kommen. Wir tun uns in der Medizin damit nicht leicht, es gibt da unterschiedliche Sichtweisen. Aber Palliativmedizin ist eben wirklich noch Hochleistungsmedizin auf einer anderen Ebene und mit einem anderen Ziel. Und nicht das Ausleiten oder Reduzieren generell von Behandlungen. Erst im Hospiz haben wir die Situation, wo zwar die Reduktion von Symptomen weiter im Vordergrund steht, aber keine vergleichbare Intervention mehr stattfindet. Man würde jemanden aus dem Hospiz nicht mehr im Krankenhaus aufnehmen. Ein großer Gewinn ist die selektive ambulante palliativmedizinische Versorgung (SAPV). Das ist wie die Brücke zwischen Krankenhaus und Hospiz, die eine palliativmedizinische Versorgung auch zu Hause ermöglicht. Wenn jemand mit seinen Symptomen entlassen wird, zum Beispiel Schmerzen und Atembeschwerden, der aber gerne nach Hause gehen möchte, brauche ich kompetente Ärzte vor Ort, die genau Bescheid wissen, was vorher war. Deshalb ist 2007 diese Struktur geschaffen worden. Seitdem ist man in unserem Land auch zu Hause gut versorgt als Mensch, der an einer nicht mehr heilbaren Erkrankung leidet.

B: Sterbebegleitung ist dabei etwas anderes als Sterbehilfe. Palliativmedizin ist keine Hilfe zum Sterben, sondern Hilfe zum Leben im Sterbeprozess. Zusammen mit der Hospizbewegung ist die Versorgung da wirklich gut. Trotzdem wollen manche Menschen diese Begleitung nicht. Das ist schließlich ein Weg in den Tod, der dauern kann und dabei allen Beteiligten viel abverlangt. Es gibt Menschen, die sagen: »Das möchte ich alles nicht. Ich möchte jetzt sterben. Ich will mein Sterben, mein langsames Dahingehen nicht erleben.« Da geht es dann um Sterbehilfe. Das dürfen Ärzte nicht. Ärzte dürfen Sterbebegleitung leisten, und wenn die Gabe etwa schmerzlindernder Medikamente im sogenannten finalen Stadium dazu führt, dass ein Mensch unter Umständen früher geht, ist das in Ordnung. Auch eine Behandlung, die nicht mehr zur Heilung führen kann, darf durch die Ärztin abgebrochen werden.

N: Lass uns von deinem Beispiel ausgehen. Da ist ein Mensch, der entscheidet sich und sagt: »Ich habe keine Aussicht mehr auf ein für mich gelingendes Leben, ich möchte nicht mehr leben.« So eine Situation kann ja ganz unabhängig von einer Krankheit auftreten. Leider ist da die Selbsttötung ein Weg, den immer noch eine ganze Reihe von Menschen wählt.

B: Ja, das ist auch ein Weg in den Tod – meistens ein sehr tragischer. Von außen betrachtet ist der Suizid ein selbstbestimmtes Handeln. Zugleich hinterlässt er Angehörige, Freundinnen und Freunde oft zutiefst verstört, ratlos, mitunter wütend und häufig beladen mit großen Schuldgefühlen zurück.

N: Lange Zeit galt Selbsttötung als Tat, die mit dem Tötungsdelikt an einem anderen Menschen vergleichbar war. Man sprach von Selbstmord – mit gravierenden gesellschaftlichen Folgen. Eine Person, die sich getötet hatte, konnte nicht mehr christlich bestattet werden, sie wurde außerhalb des Friedhofs beigesetzt. Auch die Familie wurde praktisch mit in den Bann dieses furchtbaren Verbrechens gezogen – so war jedenfalls die Terminologie.

B: Ja, das Leben und sein Ende sollten nur in den Händen Gottes liegen. Ein Suizid wurde als Blasphemie, als Lästerung Gottes verstanden. Sehr anschaulich wird dieses Verständnis in *Die Judenbuche* von Annette von Droste-Hülshoff beschrieben. Ein Sittengemälde aus dem 19. Jahrhundert. Der Protagonist, Friedrich Mergel, erhängt sich am Ende aus Reue für eine jahrzehntealte Lüge. Sein Verstoß gegen das achte Gebot »Du sollst nicht falsch Zeugnis reden wider deinen Nächsten« lässt ihn sein Leben lang nicht los. Sein Glaube hat ihm also keine Ruhe gelassen, dann wird er aber ohne geistlichen Beistand auf dem Schindanger verscharrt.

N: Das hat sich natürlich geändert. Gerade mit Blick auf die Selbstbestimmung akzeptiert die Gesellschaft heutzutage, dass man sehr wohl diese Entscheidung treffen kann, sich das Leben zu nehmen. Ein Arzt oder eine Ärztin würde aber darin immer eine krankhafte Reaktion oder ein krankhaftes Handeln sehen und versuchen, den Suizid zu verhindern. Sofern ich weiß, dass jemand sich selbst töten will, muss ich als Arzt einschreiten. Selbst wenn mir jemand glaubhaft versichert, er oder sie wolle selbstbestimmt aus dem Leben scheiden und demnächst von der Brücke springen – für mich ist es undenkbar, als Arzt danebenzustehen und die Person springen zu lassen. Ich würde immer sagen: Die ärztliche Aufgabe ist es, sie zurückzuhalten.

B: Das ist nachvollziehbar, denn du hast als Arzt in bestimmten Situationen eine Garantenstellung, wie es juristisch heißt. Eltern sind Garanten für das Leben ihrer Kinder. Als Ehepartner bis du Garant für das Leben des jeweils anderen. Wer als Garant ein Geschehen, das tödlich endet, laufen lässt, obwohl er eingreifen könnte, macht sich nicht nur wegen unterlassener Hilfeleistung strafbar, er ist unter Umständen strafbar wegen eines Tötungsdeliktes. Man begeht eine Tat, indem man das Handeln unterlässt. Das ist immer noch eine große Diskussion bei uns Juristen. Einschlägig geworden ist der Fall von einem Arzt, dessen Patientin ihn zu sich gebeten hatte. Er wusste, die Frau wollte nicht mehr leben, sie hatte eine terminale, also eine zum Tod führende Erkrankung. Als er zu ihr kam, hatte sie, was ihm nicht bekannt war, bereits Mittel genommen, war bewusstlos und lag im Sterben. Weil er aber wusste, was sie wollte, hat er nichts weiter unternommen. Das Landgericht hat den Arzt vom Vorwurf der Tötung freigesprochen. Den Freispruch hat der Bundesgerichtshof bestätigt und ausgeführt, unter welchen Voraussetzungen ein Arzt aufgrund eines Nichthandelns strafbar ist und wann nicht.[3] Danach ist es dem Arzt als Garant für das Leben seiner Patientin grundsätzlich nicht erlaubt, notwendige lebensrettende Maßnahme zu unterlassen. Diese Entscheidung war sehr wichtig für die Abwägung zwischen der dem Arzt obliegenden Verpflichtung zum Handeln und seiner Pflicht zur Berücksichtigung des

3 BGH, Urteil vom 4. Juli 1984 – 3StR 96/84m, BGHSt, 32, 367

Patientenwillens unter der Berücksichtigung des Gesundheitszustandes des Patienten. Das Unterlassen des Arztes war in diesem Fall nicht strafbar, er wurde freigesprochen. Sein Verhalten war nicht zu beanstanden. Aber natürlich: Du bist immer auf Messers Schneide.

N: So ist es.

B: Ehrlich gesagt, beruhigt es mich auch, wenn ich als Patientin weiß, mein Arzt oder meine Ärztin ist zumindest standesrechtlich verpflichtet, mich zu retten.

N: Es ist interessant, dass du da so zwischen dem Standesrecht, also der Berufsordnung der Ärzte, und der allgemeinen Gesetzgebung unterscheidest. Für einen Arzt ist das Berufsrecht existenziell. Wenn ich dagegen verstoße, kann mir die Approbation entzogen werden, und ich darf nicht mehr als Arzt tätig werden. Das ist nicht irgendeine Norm, die vielleicht in meinem Beruf beachtet werden sollte, sondern wirklich verbindlich.

B: Es ist aber eben kein Gesetz und dennoch so weitreichend. Als Juristin würde ich immer sagen, eigentlich muss es dem Gesetzgeber vorbehalten bleiben zu entscheiden, ob jemandem die Ausübung seines Berufs verboten werden darf. Schließlich ist das der härteste Eingriff in das Grundrecht der Berufsfreiheit, den man sich vorstellen kann. Das ist nicht ausdiskutiert. Aber tatsächlich ist der Gesetzgeber ja aktiv geworden und hat sich 2015 mit den Themen Sterbehilfe und Beihilfe zum Suizid befasst. In den Jahren zuvor hatten sich, angefangen in Hamburg, sogenannte Sterbehilfevereine gegründet, deren erklärtes Ziel es war, Menschen, die aus welchen Gründen auch immer nicht mehr leben wollten, zu einer professionellen Begleitung zu verhelfen. Es gibt grauenhafte Arten, sich selbst zu töten: von Brücken zu springen, sich aufzuhängen, sich vor Züge zu stellen. Das ist so gewaltvoll und eine schwere Traumatisierung auch für die Angehörigen. Jede Form des Suizids ist eine brutale Zäsur im Leben der Nächsten – auch dann, wenn er geplant und mithilfe Dritter erfolgt. Das erklärte Ziel der Sterbehilfevereine war es, und ich formuliere das jetzt mal aus deren Sicht, Menschen, die verantwortungsvoll für sich entschieden haben, aus dem Leben scheiden zu wollen, wenn bestimmte Bedingungen und Konditionen eintreten, einen Weg in den Tod zu ermöglichen, der nicht so schmerzhaft für sie ist.

N: Jedenfalls nicht so angstbesetzt wie andere Wege, ja.

B: Genau, nicht so angstbesetzt. Die Entwicklung der Sterbehilfevereine ist kritisch aufgenommen worden und hat sowohl medial als auch politisch hohe Wellen geschlagen. Die Parteien, die Abgeordneten im Bundestag haben sehr kontrovers über das Für und Wider diskutiert. Am Ende stand der Paragraf 217 »Geschäftsmäßige Förderung der Selbsttötung«. Wenn ich den Wortlaut hier zitieren darf: »(1) Wer in der Absicht, die Selbsttötung eines anderen zu fördern, diesem hierzu geschäftsmäßig die Gelegenheit gewährt, verschafft oder vermittelt, wird mit Freiheitsstrafe bis zu drei Jahren oder mit Geldstrafe bestraft. (2) Als Teilnehmer bleibt straffrei, wer selbst nicht geschäftsmäßig handelt und entweder Angehöriger des in Absatz 1 genannten anderen ist oder diesem nahesteht.« Dieses Gesetz ist im Dezember 2015 in Kraft getreten. Im Februar 2020 hat dann das Bundesverfassungsgericht die Norm für verfassungswidrig erklärt. Das Bundesverfassungsgericht hat in seinem Urteil festgestellt, dass es ein Recht darauf gibt, selbstbestimmt in den Tod zu gehen. Dieses Grundrecht leiten die Richterinnen und Richter aus der Würde des Menschen aus Artikel 1 Grundgesetz im Zusammenhang mit Artikel 2 Grundgesetz ab, der allgemeinen Handlungsfreiheit und des Persönlichkeitsrechts.

N: Vielleicht sollten wir die Vorgeschichte dieses Rechtsstreits noch einmal aufdröseln.

B: Du hast recht, es ist reichlich kompliziert. Eine Selbsttötung kann man nicht unter Strafe stellen. Den zu Bestrafenden gibt es ja nicht mehr. Auch die Beihilfe dazu ist bei uns straffrei, nur die Tötung auf Verlangen ist unter Strafe gestellt. Das Bundesverfassungsgericht hat in seinem Urteil ausführlich die Genese dieser rechtlichen Wertungen dargestellt. 1871 wurde ein einheitliches Reichsstrafgesetz geschaffen, das keine Regelung über die Teilnahme an einer Selbsttötung enthielt, weil diese ebenfalls straffrei war. Anders als in vielen europäischen Ländern ist in Deutschland die Beihilfe zum Suizid seitdem nicht strafbar. Das wurde durch das Gesetz von 2015 geändert, eine Form von Sterbehilfe bzw. Beihilfe zum Suizid wurde unter Strafe gestellt.

N: Warum wollte man das ändern? Die Beihilfe eines Angehörigen war ja nicht verboten.

B: Nein, war sie nicht, und sie ist es bis heute nicht.

N: Es muss nicht einmal ein Angehöriger sein. Die Beihilfe zum Suizid durch einen Vertrauten war nie verboten. Verboten werden sollte durch den Paragraf 217, das gewerbsmäßig zu machen.

B: Moment: Gewerbsmäßig ist nicht der richtige Begriff. Geschäftsmäßig stand im Gesetz. Das ist jetzt sehr juristisch, aber es geht nicht darum, ob etwas kommerziell oder mit Gewinnabsicht getan wird. Geschäftsmäßig handelt, »wer die Förderung der Selbsttötung zu einem dauernden oder wiederkehrenden Bestandteil seiner Tätigkeit machen will, mit dem Ziel, dass der andere sich dann am Ende selbst tötet«. Einfach gesagt: Es geht um eine wiederholte Handlung. Das kann auch aus altruistischen Gründen geschehen. Für das Geschäftsmäßige reicht es, dass ich die Absicht habe, etwas wiederholt zu tun. Wenn ich jemandem die Mittel verschaffe, damit er sich selbst töten kann, kommt es für die Strafbarkeit nicht darauf an, ob der Mensch tatsächlich stirbt. Das wurde 2015 unter Strafe gestellt. Danach haben alle Sterbehilfevereine hier in Deutschland, aber auch Schweizer Vereine, die Mitarbeiter in Deutschland hatten, ihre Tätigkeit eingestellt.

N: Du konntest weiterhin in die Schweiz fahren.

B: Ja, aber das war natürlich nicht jedem Mann oder jeder Frau möglich, damit wurde es zu einer Frage des Geldes. In der Schweiz war es weiterhin möglich, aber auch in den Niederlanden. Juristisch sind die Niederlande interessant: Dort ist anders als bei uns die Beihilfe zur Selbsttötung grundsätzlich strafbar. Aber von der Strafbarkeit kann abgesehen werden, ähnlich wie bei uns die Regelung in Paragraf 218a: Abtreibung ist im Grundsatz strafbar, aber von der Strafbarkeit kann abgesehen werden, wenn bestimmte Voraussetzungen erfüllt sind. So ist das in den Niederlanden auch mit der Sterbehilfe. Man hat ein Gesetz geschaffen, das unter bestimmten Voraussetzungen die Möglichkeit vorsieht, als Arzt jemanden zu unterstützen, aus eigenem Wunsch aus dem Leben zu scheiden. Der Entschluss zur Selbsttötung muss aus freiem Willen kommen und von Dauer sein. Es braucht einen Arzt, der den Patienten berät. Es muss über Behandlungsmöglichkeiten gesprochen und eine weitere Ärztin zur Beratung hinzugezogen werden. Der Wunsch muss mehrfach und ernsthaft vorgetragen werden. Und nur Ärzte dürfen Sterbehilfe leisten, niemand sonst. Wenn sie dieses Prozedere einhalten, bleiben sie straffrei. Auch die Schweiz und Belgien unterscheiden nicht zwischen Beihilfe und Tötung auf Verlangen, beides ist strafbar, aber man kann davon absehen. Dabei muss keine terminale Krankheit vorliegen, es kann auch jemand Sterbehilfe begehren, der nicht an einer tödlichen Krankheit leidet. Das aus meiner Sicht berührendste und vielleicht auch abschreckendste Beispiel, von dem ich gelesen habe, war das einer 29 Jahre alten Frau, die seit zwanzig Jahren an Depressionen litt. Sie hatte in den Niederlanden beantragt, sterben zu dürfen. Dem haben die Ärzte schließlich zugestimmt. Das Bundesverfassungsgericht hat, wie gesagt, den Paragraf 217 Strafgesetzbuch aufgehoben, der die geschäftsmäßige Sterbehilfe verbot. Aber dabei festgestellt, dass der Gesetzgeber diesen Sachverhalt auch mit Mitteln des Strafrechts regeln darf, etwa die Frage, wie Sterbehilfevereine agieren. Die Richterinnen und Richter geben dem Gesetzgeber, so habe ich das gelesen, indirekt den Auftrag, dafür zu sorgen, dass Menschen, die freiwillig in den Tod gehen wollen, nicht von außen beeinflusst werden.

N: Es fällt mir schwer, dieser Argumentation zu folgen.

B: Das Bundesverfassungsgericht sagt ganz klar, dass niemand von außen beeinflusst werden darf. Es darf auch nicht dazu kommen, dass sich aus der Tätigkeit der Sterbehilfevereine eine Normalität entwickelt. Das Urteil hebt hervor, dass ein Mensch wirklich selbstbestimmt geht unter Abwägung aller Gesichtspunkte, in Kenntnis aller Umstände und einer Beratung über andere Wege, die ihm das Sterben erleichtern würden. Vor allem soll eben kein gesellschaftlicher Druck aufgebaut werden, dass kranke oder sehr alte Menschen das Gefühl bekommen, sie müssten sterben, um andere nicht zu belasten. Das ist alles Teil der Verfassungsgerichtsentscheidung. Aber das komplette Verbot der geschäftsmäßigen Förderung der Selbsttötung, das ging eben zu weit. Weil es dem Sterbewilligen jede Möglichkeit nimmt, unter, aus ihrer Sicht, sicheren Bedingungen zu sterben und dabei fachkundige Hilfe zu bekommen.

N: Die Kritik war trotzdem verheerend.

B: Ja. Kaum ein Urteil des Bundesverfassungsgerichts ist je auf so viel Unverständnis gestoßen. Gerade auch im Bundestag, wo die Abgeordneten bei der Schaffung des Paragrafen 217 sehr mit sich gerungen hatten. Es hatte fünf Entwürfe gegeben, und am Ende war das Gesetz verabschiedet worden, auf das sich wirklich die allermeisten einigen konnten. Ich hingegen finde das Bundesverfassungsgerichtsurteil sehr gut begründet und nachvollziehbar. Denn das Gericht sagt in seiner Entscheidung auch, es liegt nicht an uns zu beurteilen, ob ein Sterbewunsch richtig ist oder falsch. Das ist der oder dem Einzelnen überlassen. In seiner Würde, in seiner Selbstbestimmtheit, in dem, was er weiß oder kann, darf der Mensch für sich selbst entscheiden, warum und wann er oder sie sterben will. Das Leben kann nicht etwas sein, das außerhalb der Verfassung steht. Viele Glaubensrichtungen, die Kirchen, aber auch der Zentralrat der Juden, die sich für den Paragrafen 217 ausgesprochen hatten, argumentieren aus ihrer religiös-ethischen Vorstellung heraus, das Leben sei uns geschenkt. Wir hätten nicht das Recht, über unser Leben zu bestimmen, im Vorgang der Selbsttötung verlöre der Mensch eben diese Würde, die das Bundesverfassungsgericht hochhalte. Auch die Palliativvereinigungen, die Bundesärztekammer, alle haben dieses Urteil kritisiert. Die Humanistische Union war hingegen der Meinung, dass Paragraf 217 mit dem Recht auf ein selbstbestimmtes Sterben nicht vereinbar sei.

N: Die war bestimmt dafür!

B: Unter den Klägern waren auch Betroffene, die selbst Mitglieder in Sterbehilfevereinen waren. Einige wenige Ärzte, die als Berater arbeiteten und sich in ihrer Berufsfreiheit eingeschränkt sahen, haben geklagt. Und natürlich die Sterbehilfevereine selbst sowie ihre Mitarbeiter. Jedenfalls war das Urteil am Ende mit der Aufhebung des Paragrafen 217 verbunden und, so sehe ich das, mit der Aufforderung an den Gesetzgeber, sich noch einmal Gedanken zu machen, damit es keine ungeregelte Sterbehilfe gibt. Die Gefahr, dass man Menschen dazu drängen könnte, sich zu töten, wenn es sozusagen an der Zeit ist, die hat das Bundesverfassungsgericht jedenfalls erkannt.

N: Ich gehöre sicherlich zu denjenigen, die fassungslos waren über dieses Urteil. Ich war als Sachverständiger an den Beratungen zu Paragraf 217 beteiligt, und ich denke, man muss sich vergegenwärtigen, warum sich der Deutsche Bundestag mit den verschiedenen Gesetzesentwürfen beschäftigt hat. Es gibt ja in der Gesellschaft eine durchaus divergierende Wahrnehmung, ob Beihilfe zum Sterben möglich sein sollte oder nicht. Auch, ob sie strafbar sein sollte oder nicht.

Eigentlich sind wir, du hast darauf hingewiesen, in dieser Hinsicht ein Land mit liberalen Regelungen. Abgesehen von der Profession der Ärzteschaft und der Pflegenden, was in diesem Zusammenhang die kritischen Berufsgruppen sind, besagt die hiesige Regelung, dass im Prinzip jeder Beihilfe zur Selbsttötung leisten kann. So eine Situation gibt es in fast keinem anderen europäischen Land, und das schon seit 1871. Dass der Paragraf 217 im Jahr 2015 überhaupt verabschiedet werden musste, lag also daran, dass interessierte Gruppen eine Praxis begonnen hatten, in Sterbehilfevereinen Beihilfe zum Suizid zu organisieren. Das wurde geschäftsmäßig betrieben. Nachdem wir also einige Jahre und Jahrzehnte zuvor mit großer Ambivalenz in die Niederlande und nach Belgien geschaut hatten, wo die Beihilfe zur Selbsttötung liberalisiert worden war, passierte das plötzlich völlig ungeregelt bei uns. Wobei ich wichtig finde, worauf du hingewiesen hast: In den Niederlanden oder Belgien war das keineswegs eine Freigabe, da sind das strikt reglementierte Prozesse. Ich habe auch diese Regelungen immer sehr kritisch gesehen, weil die Ärzteschaft in eine Pflicht genommen wird, die sie meiner Wahrnehmung nach weder leisten darf noch kann.

B: Ja, das stimmt, wenn, dann müssen dort Ärzte Sterbehilfe leisten. Aber das Bundesverfassungsgericht sagt in seiner Entscheidung, dass niemand verpflichtet werden kann, Sterbehilfe zu leisten.

N: Ich habe an anderer Stelle vorgeschlagen, dass, wenn so etwas notwendig ist, sich Juristen oder Pfarrer und Pastorinnen engagieren sollten. Das sind Professionen, die bei den rechtlichen und jenseitigen Fragen eine viel größere Expertise aufweisen. Im Verfassungsgerichtsurteil wird ja unterstellt, Sterbehilfe müsse professionell gemacht werden. Aber was heißt professionell in diesem Zusammenhang? Professionell würde bedeuten, dass Ärzte etwas davon verstehen. Sie verstehen sich aber nicht darauf, wie man tötet, niemand bringt einem das als Arzt bei.

B: Gott sei Dank!

N: Und zwar aus guten Gründen! Deswegen werde ich da auch so emotional. Es gibt hier einen ärztlichen Behandlungsauftrag. Wir haben ja schon darüber gesprochen, dass die Ärzteschaft sich seit Jahrtausenden entlang der Kultur und dem vorherrschenden Menschenbild als eine Profession entwickelt hat, die sich für das Leben einsetzt. Für die Behandlung von Erkrankungen, für die Heilung von Schmerz und Leid. Das beinhaltet nicht, dass der Sterbewunsch eines Menschen ignoriert werden darf, das nicht. Aber es führt dazu, dass keinerlei Unsicherheit entstehen darf zwischen den Menschen und der Profession. Es darf kein Zweifel, kein Risiko bestehen, ob der Arzt in einer gewissen Situation nicht doch zu einem Medikament greift, was mich am Ende tötet. Deshalb handelt es sich bei dem Bundesverfassungsgerichtsurteil aus meiner Sicht um eine gravierende Grenzüberschreitung im Hinblick auf die Integrität des ärztlichen Selbstverständnisses. Natürlich gibt es einzelne Kollegen, die sagen: »Gut, ich habe einen leidenden Patienten, ich weiß um den Wunsch des Patienten zu sterben, und ich helfe ihm dabei.« Aber auch da würde ich sagen, aus der kulturellen Tradition heraus waren dafür immer andere Professionen zuständig. Es kann eine gute ärztliche Pflicht sein, hier konsultativ andere Experten einzubeziehen, sich an nahestehende Angehörige zu wenden. Aber aus meiner Sicht ist es eine fundamentale Grenzüberschreitung, an dieser Stelle als Arzt selbst zu handeln.

B: Ja, einerseits. Aber ich kann mir auch vorstellen, dass ein Arzt oder eine Ärztin das aus einer tiefen Zugewandtheit dem Patienten gegenüber macht, weil er oder sie diesen Todeswunsch akzeptieren oder sogar nachvollziehen kann. Für dich ist das vollkommen ausgeschlossen?

N: Ja. Weil es hieße, dass wir medizinisch und menschlich keine anderen Möglichkeiten haben, diesen Patienten oder diese Patientin zu begleiten.

B: Ich finde es richtig zu sagen, aus meiner Würde als Mensch folgt auch, dass ich in bestimmten Situationen wirklich die Option habe, gehen zu dürfen. Vielleicht wollen sich manche Menschen auf diesen langen Sterbeprozess nicht einlassen. Vielleicht ist das Leben in schwerster Krankheit für sie nicht mehr das, was sie ertragen können und wollen. Es muss in jedem Falle sorgfältig abgewogen werden, ob der Wunsch zu sterben wirklich frei bestimmt ist. Das Gericht macht es zur Voraussetzung für den freien Willen, dass die Abwesenheit psychischer Erkrankungen festgestellt ist. Wobei manche Ärzte und Therapeuten sagen würden, es ist immer zumindest ein psychisches Unvermögen, das mich daran hindert, weiterleben zu wollen, und lieber in den Suizid gehen lässt. Aber für mich folgt aus der Würde des Menschen auch, dass er für sich sagen darf, wann es vorbei ist. Die Entscheidung: Ich will nicht mehr. Aber du stellst dies als Ausdruck von Selbstbestimmung aus deiner christlichen Sicht infrage.

N: Wie definieren wir Würde? Ich glaube, da gibt es tatsächlich einen fundamentalen Unterschied, nicht im Ursprung der Gesetzgebung, aber in ihrer Entwicklung. In der Vorstellung davon, was der Mensch ist, führt die Selbstbestimmung des Einzelnen abstrakt zu einer Handlungsoption. Aber wir haben in unserem Gemeinwesen kulturelle Vereinbarungen, zu denen auch unser Menschenbild gehört, das im Wesentlichen durch eine religiöse Wahrnehmung geprägt ist, sei es eine jüdische, islamische, christliche oder hinduistische. Darauf kommen wir sicherlich später noch einmal zurück. Bezogen auf diesen religiösen Hintergrund ist das Leben ein Geschenk. Wir wissen alle, dass wir es nicht machen, nicht selbst herstellen können. Ob ich geboren werde oder nicht, ist so ziemlich die einzige Sache, die ich nicht entscheiden kann. Für mich ist das Selbstverständnis vom Leben als Geschenk deshalb inhaltlich überzeugend. Wer Kinder hat, erfährt das ebenfalls, Kinder sind ein Geschenk. Da besteht für mich Klarheit. Nichtsdestotrotz entscheide ich in meinem Leben so viel wie möglich selbst – bis hin zu der Frage, was nach meinem Tod mit mir passiert. Ich kann das gut akzeptieren, ich verfüge über mich bis hin zu meinen Organen, das ist alles in meine Entscheidungsfähigkeit gestellt. Ähnlich wie bei der Geburt gibt es aber aus meiner Sicht diese Grenze des Sterbens. Es sei denn, ich habe diesen Punkt erreicht, den du gerade beschrieben hast, wo ich sage, »da kann ich wirklich nicht weiter, diesen Weg kann ich nicht gehen«. Da haben wir keinen Dissens. Aber für so einen Fall gibt es in diesem Land von jeher ausreichende Möglichkeiten, so einen Entschluss auch umzusetzen.

B: Wenn du erlaubst, würde ich mal Auszüge aus den Leitsätzen des Bundesverfassungsgerichtsurteils zitieren.

N: Nur zu!

B: Ich denke nämlich auch, dass das Leben ein Geschenk ist. Aber was ich von da an tue, liegt doch sehr in meiner

Hand, in meiner Verantwortung oder, wenn ich es als gläubiger Mensch ausdrücke, vor Gott. Das Bundesverfassungsgericht will da gar nicht überinterpretieren. Es nimmt den Menschen so, wie er auf die Welt gekommen ist, als Person, als Rechtspersönlichkeit, und es sagt dann, das sind jetzt die Leitsätze: »a) Das allgemeine Persönlichkeitsrecht (Art. 2 Abs. 1 in Verbindung mit Art. 1 Abs. 1 GG) umfasst als Ausdruck persönlicher Autonomie ein Recht auf selbstbestimmtes Sterben. b) Dieses Recht auf selbstbestimmtes Sterben schließt die Freiheit ein, sich das Leben zu nehmen. Die Entscheidung des Einzelnen, seinem Leben entsprechend seinem Verständnis einer Lebensqualität und Sinnhaftigkeit der eigenen Existenz ein Ende zu setzen, ist im Ausgangspunkt als Akt autonomer Selbstbestimmung von Staat und Gesellschaft zu akzeptieren.«

N: Da mache ich einen Haken dran.

B: Weiter: »c) Die Freiheit, sich das Leben zu nehmen, umfasst auch die Freiheit, hierfür bei Dritten Hilfe zu suchen und Hilfe, soweit sie angeboten wird, in Anspruch zu nehmen.« Das ist der erste Leitsatz.

N: Ja, aber jetzt kommen wir zum zweiten Satz. Da wird's schwieriger.

B: »Auch staatliche Maßnahmen, die eine mittelbare oder faktische Wirkung entfalten, können Grundrechte beeinträchtigen und müssen daher von Verfassungs wegen hinreichend gerechtfertigt sein. Das in § 217 Abs. 1 StGB strafbewehrte Verbot der geschäftsmäßigen Förderung der Selbsttötung macht es Suizidwilligen faktisch unmöglich, die von ihnen gewählte, geschäftsmäßig angebotene Suizidhilfe in Anspruch zu nehmen. 3. a) Das Verbot der geschäftsmäßigen Förderung der Selbsttötung ist am Maßstab strikter Verhältnismäßigkeit zu messen.« Weiter urteilen die Richter, dass die Regelung der »assistierten Selbsttötung« sich im Spannungsfeld unterschiedlicher verfassungsrechtlicher Schutzbereiche bewegt: zwischen der Achtung vor dem grundlegenden, auch das eigene Lebensende umfassenden Selbstbestimmungsrecht desjenigen, der sich frei entschließt, das eigene Leben zu beenden, und der Pflicht des Staates, die Autonomie Suizidwilliger und darüber hinaus auch das hohe Rechtsgut Leben zu schützen. Diese Schutzgüter – Selbstbestimmungsrecht und Leben – kollidieren miteinander (Leitsatz 3 b). Leitsatz 4 sagt dann, dass der hohe Rang dieser Verfassungsgüter grundsätzlich geeignet ist, mit Mitteln des Strafrechts geschützt zu werden. Gleichzeitig fordert er, dass sichergestellt werden muss, dass ein Zugang zu freiwillig bereitgestellter Suizidhilfe real eröffnet bleibt. Das Gesetz – § 217 – scheitert insofern daran, dass die Richter es für unverhältnismäßig erachten, dass das darin festgelegte Verbot die Möglichkeiten zur assistierten Selbsttötung so einengt, das dem Einzelnen faktisch kein Raum zur Wahrnehmung seiner verfassungsrechtlich geschützten Handlungsfreiheit – in dem Fall zur Tötung von sich selbst – verbleibt. So verstehe ich Leitsatz 5. Das heißt, der Gesetzgeber darf geschäftsmäßige Suizidhilfe grundsätzlich regeln. Der sechste Leitsatz lautet dann: »Niemand kann verpflichtet werden, Suizidhilfe zu leisten.« Also: Im Grunde genommen geben die Richter dem Staat oder der Gesellschaft alle Mittel zur Regelung an die Hand. Eine verbindliche Vorgabe machen sie allerdings: Es darf nicht dazu kommen, dass überhaupt keine Möglichkeiten bleiben, Hilfe von Dritten beim Sterben zu erhalten.

N: Das stimmt doch gar nicht, das ist eine Interpretationsfrage!

B: Das waren die Leitsätze …

N: Die Kläger, die hier vors Bundesverfassungsgericht gegangen sind, Sterbehilfevereine und andere, gehen ja davon aus, dass sie ihre geschäftsmäßige Tätigkeit auf der Grundlage ausüben, dass es entsprechende Angebote geben muss. Dabei sollte der Paragraf ausdrücklich unterbinden, dass Beihilfe zum Suizid in geschäftsmäßigen Kontexten entsteht.

B: Noch mal: Geschäftsmäßig muss man wirklich anders verstehen. Das ist letztlich jede Form der wiederholten organisierten Tätigkeit mit dem Ziel, eine Selbsttötung mithilfe Dritter zu ermöglichen.

N: Und genau das soll jetzt wieder erlaubt werden!

B: Es ist erlaubt. Das ist durch das Urteil wieder die Rechtslage.

N: Tatsächlich hat der Deutsche Ärztetag 2021 aufgrund des Verfassungsgerichtsurteils beschlossen, die Landesärztekammern zu bitten, die berufsrechtlichen Regelungen zur Sterbehilfe aus den Verordnungen rauszunehmen. In fast allen Berufsordnungen war bis dahin ein Verbot der Beihilfe zum Suizid normiert. Dieser Passus soll nun überall gestrichen werden.

B: Aber es geht nicht ums Kommerzielle.

N: Das interessiert mich auch gar nicht. Mich interessiert, dass es nach diesem Urteil nicht nur ein Recht auf Selbsttötung gibt, das ich überhaupt nicht infrage stelle. Ich stelle auch nicht infrage, dass Angehörige die Möglichkeit haben, Beihilfe zum Suizid zu leisten. Aus ärztlicher Sicht stelle ich grundsätzlich infrage, dass es ärztliche Beihilfe zum Suizid braucht. Weil ich überzeugt bin, dass die palliativmedizinischen Möglichkeiten, die Möglichkeiten einer adäquaten ärztlichen Sterbebegleitung, einen solchen Wunsch in aller Regel ad absurdum führen. Es gibt Ausnahmen, Einzelfälle, in denen es unter Umständen so massive chronische oder akute Schmerzzustände gibt, dass tatsächlich nur eine palliative Sedierung ein Aushalten möglich macht. Hierzu gibt es eine Leitlinie. Aber in meiner Wahrnehmung ist es nur in ganz einzelnen Ausnahmesituationen so, dass das Leben durch eine körperliche Symptomatik unerträglich wird. Der Unerträglichkeit des Lebens begegne ich viel häufiger im psychischen Leiden. Du hast von der jungen Frau gesprochen, die nach zwanzig Jahren Depression gesagt hat: »Ich kann nicht mehr, der Tod ist mein einziger Ausweg.« Das erlebe ich viel häufiger. Aber die Rechtsprechung und Rechtswissenschaften konzentrieren sich meinem Eindruck nach auf physische Leiden.

B: In der Entscheidung heißt es, es steht uns oder der Gesellschaft nicht zu, über den Grund zu urteilen.

N: Aber eine akute psychische Störung darf nicht vorliegen, das soll ausgeschlossen sein.

B: Der Ausgangspunkt ist vor allem, dass jemand, der sich umbringen möchte, selbstbestimmt ist und sich das genau überlegt hat. Die Bildung eines freien Willens kann bei schweren psychischen Erkrankungen eingeschränkt sein, das stimmt. Das Bundesverfassungsgericht weist in seiner Entscheidung genau darauf hin, wenn es feststellt, dass psychische Erkrankungen eine erhebliche Gefahr für die freie Entscheidung zum Suizid darstellen. Er oder sie darf zudem nicht unter einem Erwartungsdruck stehen und muss alle Alternativen, zum Beispiel einer Behandlung, kennen.

N: Allein zu glauben, durch Selbsttötung zu sterben, könnte eine freie Entscheidung sein, schon das stelle ich infrage! Ich stelle grundsätzlich infrage, dass ein Sterbewunsch vergleichbar ist mit meinem Wunsch: »Ich möchte einen bestimmten Beruf ergreifen.« Oder: »Ich möchte Kinder haben.« Natürlich stelle ich nicht infrage, dass Menschen in einer tiefen Krise nur noch den Suizid als Ausweg sehen können. Ich stelle aber grundsätzlich infrage, dass das geschäftsmäßig angeboten werden darf. Und ich stelle grundsätzlich infrage, dass das durch eine spezifische Profession, in diesem Fall die Ärzteschaft, umgesetzt werden muss.

B: Eine Regelung wie in den Niederlanden oder Belgien, wo zwei Ärztinnen oder Ärzte mit diesem Vorgang befasst sind, ist für dich undenkbar?

N: Das ist für mich undenkbar, und, wie gesagt, ich finde, es diskreditiert die Ärzteschaft in einer Art und Weise, die es wirklich schwierig macht, in der gewohnten Kontinuität für das Leben einzustehen. Das ist es, was ich am schärfsten kritisiere. Was bringe ich denn jetzt meinen Studierenden bei? Ich hatte immer eine klare Grenze. Ich konnte sagen, wir sind aufgefordert, Menschen zu begleiten bis in die äußersten Nischen und Winkel ihrer Existenz. Es gibt nur eine einzige rote Linie. Diese rote Linie ist die Tötung eines Menschen, und diese Linie überschreiten wir nie. Nie! Ich will das an einem anderen Beispiel deutlich machen. Es gibt Menschen, die den Hirntod nicht als Tod des Menschen akzeptieren. Die sagen, was ihr da mit der Organentnahme macht, ist eine Tötung. Vorher ist der Mensch nicht tot. Aber ich habe immer auch gesagt: Wenn mir an irgendeiner Stelle glaubhaft nachgewiesen werden kann, dass unser Hirntodverständnis nicht tatsächlich das Ende der individuellen Existenz bedeutet, hören wir sofort auf mit der Organentnahme. Weil wir nicht töten. Ärzteschaft tötet nicht. Das ist der Punkt. Deshalb ist die Beihilfe durch den Arzt so ein riesiges Problem. Wenn ich einem Menschen ein Medikament gebe, dass er dann selbst nehmen muss, damit ich nicht am Ende derjenige bin, der tötet – wo ist da noch die Linie? Denn es gibt unter Umständen Patientinnen und Patienten, die genau das nicht mehr können. Die haben vielleicht einen starken Sterbewunsch, können den Weg aber nicht mehr selbst gehen, weil sie gelähmt sind und nichts mehr trinken können oder so.

B: Es gibt da ja diesen Fall eines spanischen Mannes, der auch verfilmt worden ist. Der Mann konnte fast nichts mehr, er konnte noch reden, war aber ansonsten gelähmt. Als er sterben wollte, ist ihm das Mittel verabreicht worden. Und ich habe als Rechtsreferendarin in einer Übungsklausur den Fall gehabt, dass einem Sterbewilligen der Schierlingsbecher, wenn ich das so sagen darf, hingestellt wurde. Der Strohhalm wurde ihm sogar an den Mund gehalten, aber er hat selber gezogen und getrunken. Ich habe für mich überlegt und gesagt: Nein. Der Helfer hat zwar die Gelegenheit verschafft. Aber die Handlungsmacht war nach wie vor bei dem Mann, der sterben wollte. Der hat entschieden, ich ziehe jetzt an diesem Strohhalm, schlucke, und damit sterbe ich. Wäre das für dich als Arzt noch zulässig, oder ist die

Grenze mit dem Anreichen von Becher und Strohhalm für dich schon überschritten?

N: Das ist Beihilfe, insofern ist es für mich als Arzt nicht zulässig. Als Angehöriger – ja. Als Arzt – nein. Ich muss mich doch auch als Sterbender auf die Medizin verlassen können! Es gibt dieses schöne Bild aus dem Roman *Der Medicus* von Noah Gordon. Der Autor beschreibt darin, so erinnere ich das jedenfalls, wie ein junger Engländer sich in der arabischen Welt zum Arzt ausbilden lässt. Eines Tages nimmt dieser junge, medizinisch schon einigermaßen kompetente Medicus einen älteren Mann auf mit einer Blinddarmentzündung, die früher zum Tode führte. Der Medicus reicht ihm Opium und sagt: »Das wird Ihre Schmerzen lindern.« Aber der ältere Mann will wissen: »Was macht das mit mir? Merke ich dann die Schmerzen nicht mehr, bin ich nicht mehr ganz klar?« – »Ja«, erklärt der Medicus, »das macht die Schmerzen weg, vielleicht schlafen Sie auch ein.« Der Alte: »Ja dann, bitte, das möchte ich nicht.« Als der Medicus den Grund wissen will, schließlich helfe es doch, antwortet der Patient: »Nein. Dann kann ich unter Umständen die Himmelsleiter nicht sicher hochgehen. Womöglich falle ich herunter, und ich muss doch nach oben kommen, ich gehe doch jetzt und sterbe.« Ich finde das ein schönes Bild: Hier wollte jemand helfen, mit einem Medikament die Schmerzen lindern und dabei in Kauf nehmen, dass der Patient von vielem nichts merkt. Ich muss mir aber doch sicher sein als Patient, dass dieses Medikament nicht tatsächlich schon eine tödliche Substanz ist, die mich innerhalb von wenigen Sekunden zum Tode bringt. Darauf muss ich mich verlassen können. Ich muss wissen, mit der Ärztin oder dem Arzt steht mir jemand zur Seite, der mir hilft, der meine Leiden lindert – aber er bringt mich nicht um.

B: Für dich geht es im Grunde genommen um eine Frage des Vertrauens in die ärztliche Kunst und den Arzt an sich.

N: Ja, um Vertrauen in die Institution.

B: Ich kann mir sicher sein, Menschen in medizinischen Berufen würden mich nicht umbringen.

N: Und zwar egal, was passiert. Wir haben ja nicht selten Situationen, in denen Patienten nicht mehr zurechnungsfähig sind.

B: Aber warum sollen das dann nicht andere machen dürfen?

N: Andere dürfen ja.

B: Aber warum nicht auch diese Sterbehilfevereine? Wie gesagt, geschäftsmäßig bedeutet nicht, dass damit Gewinn gemacht werden soll, sondern nur, dass der Vereinszweck auf Dauer darin besteht, Menschen beim Sterben zu begleiten. Das ist, wie das Bundesverfassungsgericht entschieden hat, ihr Recht.

N: Das nehme ich zur Kenntnis.

B: Wenn es nun dieses Recht gibt und ich mich vor niemandem für meinen Todeswunsch rechtfertigen muss, immer unterstellt, es ist mein freier Wille – warum sollen wir das als Gesellschaft verbieten? Das leuchtet mir nicht ein. Deine Position als Arzt kann ich verstehen, auch aus unserer Geschichte heraus kann ich verstehen, dass es dieses Vertrauen braucht und dass Ärzte, die den Tod herbeiführen, ein ganz schwieriges Thema sind. Aber ich verstehe nicht, warum man es nicht anderen Menschen überlassen soll, die auch aus anderen Motiven handeln. In dem Urteil wird ja ausgeführt: Wenn die Rechtsordnung geschäftsmäßige Suizidhilfe verbietet, muss sie zumindest sicherstellen, dass trotz des Verbotes im Einzelfall ein Zugang zu freiwillig bereitgestellter Suizidhilfe faktisch eröffnet bleibt. Und es soll eine Entwicklung verhindert werden, die alten und kranken Menschen nahelegt: Vielleicht ist es doch besser, ihr geht, ihr bringt euch um.

N: Aber genau das war der ursprüngliche Sinn des Paragrafen 217! Schauen wir doch mal auf die Realität: Bei diesen Sterbehilfevereinen muss man bestimmte Voraussetzungen erfüllen sowie meines Wissens Vereins- oder Aufnahmegebühren zahlen. Und vor allem: Wer innerhalb der Gesellschaft eine solche Entwicklung ermöglicht, arbeitet mit der Angst der Menschen. Die Angst vor dem Leiden führt dazu, dass Menschen nach einer Abkürzung suchen. Dann gibt es irgendwo dieses Türschild, was weiß ich, sagen wir, rein fiktiv, in der Schillerstraße, und dann heißt es: »Da ist doch dieser Verein.« – »Biste da schon mal gewesen?« – »Du musst dich mal informieren.« – »Wenn es dir zu schwer wird, kannst du da sterben.« Das ist jetzt sehr vereinfacht gesprochen. Aber was wäre das für ein Ausdruck unserer Gesellschaft, wenn wir dieses geschäftsmäßige Angebot hätten? Ich halte es für naiv zu glauben, dass man jedes ökonomische Interesse ausschließen könnte. Das wäre dann der einzige Bereich, den ich in meinem Leben gesehen hätte, wo das keine Rolle spielen würde. Mit anderen Worten: Das wird nicht funktionieren. Natürlich wird ein ökonomisches Interesse entstehen, und dann wird der Tod ein Stück weit kommerzialisiert. Vor eben dieser Gefahr sollte der Paragraf 217 uns bewahren. Er sollte deutlich machen, dass hier eine Grenze besteht, damit die liberale Grundhaltung, nach der Beihilfe zum Suizid tatsächlich möglich ist für vertraute Personen, nicht erweitert wird durch ein Angebot von Dritten. Ich interpretiere das Urteil sogar so, dass der Staat oder Gesetzgeber am Ende des Tages womöglich noch verpflichtet ist, ein Angebot zu schaffen.

B: Das habe ich so nicht rausgelesen!

N: Gut, aber zum Teil wird es so interpretiert. Am Ende jeder Diskussion dazu, in der ich als Arzt sitze, heißt es: »Wer, wenn nicht ihr?« Ich wiederhole mich jetzt: Es gibt keine Expertise, die Herbeiführung des Todes ist uns kulturell fremd, auch die Palliativmedizin tut eben genau das nicht. Es gibt keine Berufsgruppe, die dafür plädiert hätte, dieses Gesetz wieder aufzuheben. Das ist auch meine Kritik an den Juristen an dieser Stelle – sie setzen sich einfach hin und sagen: »Tja, hilft nichts. Entscheidungsfreiheit, Selbstbestimmung – müsst ihr mit umgehen.«

B: Na ja. Die Verfassungsrichterinnen und -richter des Zweiten Senats, die das entschieden haben – und die Begründung und Herleitung finde ich richtig –, haben die Entscheidung zurückgegeben an die Gesellschaft, und das zu Recht. Es ist für den Gesetzgeber verpflichtend, so lese ich das, sicherzustellen, dass Menschen, die sterben wollen, nicht beeinflusst werden von Zwängen, die an sie herangetragen werden. Wenn es darum geht, die Angehörigen oder die Krankenkassen nicht zu belasten, das schreiben sie ausdrücklich, kann man nicht mehr von einem freien Willen ausgehen. Die Richter stimmen mit der Annahme überein, eine nichtregulierte geschäftsmäßige Sterbehilfe sei geeignet, die Autonomie und damit Leben zu gefährden. Eine Regulierung ist also erlaubt.

N: Aber was heißt hier reguliert?

B: Es müssen halt Lösungen her, die zumindest zulassen, dass Menschen, die diese Art von Recht in Anspruch nehmen, die Möglichkeit haben, auf Hilfe von Dritten zurückzugreifen.

N: Entschuldige, aber das hört sich nach einem Anspruch an! Daraus würde ich einen Anspruch ableiten.

B: In erster Linie ist es ein Abwehrrecht. Ein Abwehrrecht gegen eine Norm, die mich an der Ausübung meiner grundrechtlichen Freiheiten hindert. Daraus entsteht keine Verpflichtung des Staates, solche Möglichkeiten zu schaffen. Das habe ich nicht rausgelesen.

N: Meinetwegen. Ich würde trotzdem gerne noch einmal vor der Entstehung einer Kultur warnen, in der auch ein gewisser Druck ausgeübt wird, die Bilanz in bestimmten Lebenssituationen früher zu ziehen, als man sie aufgrund eines natürlichen Sterbeprozesses ziehen müsste. Dieser Druck lässt die Selbstbestimmtheit nicht immer zu. Eine lebensgefährliche Diagnose ist immer mit viel Angst verbunden, aber gehen wir einmal davon aus, dass es viele Menschen gibt, die in prekären Verhältnissen leben und nicht wissen, wie ihre Unterstützung und ihre Hilfestruktur in dieser Krise aussehen soll. Womöglich kommt unfreiwillig ein unzureichendes Netz an medizinischer Hilfe und pflegerischer Begleitung dazu. Dann ist so ein »Angebot« …

B: Verführerisch?

N: Verführerisch, vielleicht aber sogar folgerichtig. Eine Gesellschaft, die ein solches Angebot als Teil eines Rechtes interpretiert, ist aus meiner Sicht auf Abwegen. Das Recht sollte mir vielmehr alles zugänglich machen, was helfen kann gegen die Angst: eine adäquate Betreuung, eine lebenswerte Umgebung, eine soziale Absicherung. Wir haben über die Sterbegeldversicherung gesprochen. Wie sieht es mit Menschen aus, die das Gefühl haben, dass sie nicht mehr existieren können, weil ihr Budget zu schmal ist, weil sie alt und gebrechlich sind und am Leben nicht mehr adäquat teilnehmen können? Jetzt komme ich wieder auf diese fiktive Schillerstraße: Da gibt es also so ein Büro, da kann man hingehen. Motivieren wir in unserer Gesellschaft nicht eigentlich die Gruppe der Menschen in Not, diesem Angebot nachzugehen? Da kann man noch so oft sagen, das soll alles nicht passieren. Es ist lebensfern zu glauben, man würde dieser Entwicklung nicht Vorschub leisten.

B: Da gehe ich in ganz vielem mit, Eckhard. Ich halte es auch für hochproblematisch, wenn Menschen aus sozialer oder psychischer Not heraus denken, sie hätten jetzt genug gelebt. Dass das aber mit der Möglichkeit zur Hilfe zum Sterben verstärkt wird, bezweifle ich. Wichtig ist mir: Wir haben kein Recht, darüber zu urteilen, welcher Grund den Einzelnen dazu bringt, seinem Leben ein Ende zu setzen. Gleichzeitig meine ich, es könnte Regelungen geben, die sterbewillige Menschen nicht von Hilfsangeboten abschneiden. Kann es nicht beides parallel geben? Bedeutet das wirklich eine so große Änderung unserer Kultur, wenn wir anerkennen, dass Menschen aus freiem Willen ihr Leben beenden und dafür Hilfe von Dritten in Anspruch nehmen wollen? Brauchen wir so eine starke Beschränkung wie das Verbot geschäftsmäßiger Sterbehilfe, um unerwünschte Auswirkungen zu verhindern? Wir dürfen Menschen am Ende ihres Lebens oder in schwierigen Umständen nicht alleinlassen. Das ist entscheidend für eine Gesellschaft, die sich human und solidarisch nennen möchte. Nie würde ich begünstigen wollen, dass jemand aus solchen Gründen in den Tod geht oder meint, in den Tod gehen zu müssen. Aber Suizid wird es immer geben, manchmal auf sehr grausame Weise …

N: Am Ende geht es tatsächlich um eine Kulturfrage, um unsere Vorstellung von der Verfügbarkeit des Todes. Sind wir eine Gesellschaft, die bestimmte Grenzen einhält? Sagen wir, der Mensch kann zwar vieles machen, aber es gibt Dinge, da sind seine Handlungsmöglichkeiten beschränkt? Mit Blick auf die Verfügbarkeit des Lebens der anderen haben wir diesen Entwicklungsprozess hinter uns. Wir verzichten auf die Todesstrafe. Das war ein wichtiger Schritt in unserer kulturellen Entwicklung, weil wir sagen: Jemand kann noch so schreckliche Dinge getan haben und noch so furchtbar anderen Menschen Leid zugefügt haben. Wenn wir als Gesellschaft dieser Person habhaft werden, strafen wir sie. Aber wir bringen sie nicht zu Tode.

B: Wir ächten das Töten – auch wenn der Staat tötet. Das Verbot der Todesstrafe ist in erster Linie auf den millionenfachen staatlich organisierten Mord im Nationalsozialismus zurückzuführen, aber es folgt auch der Einsicht: Ich kann ein Todesurteil nicht revidieren. Die Entscheidung ist endgültig.

N: Aber das ist doch in dem Kontext der Sterbehilfe ähnlich! Betrachten wir mal die Volatilität unserer eigenen

Wünsche! Wenn ich an Patienten denke, die ich begleitet habe: Mir fällt da gerade eine Frau ein, die nach einer Transplantatabstoßung wieder an die Dialyse musste, siebtes Lebensjahrzehnt, und die sagte dann: »Also nein, Herr Nagel, ich mag nicht mehr. Diesen Weg möchte ich nicht erneut gehen.« Ich habe ihr dann erklärt, dass sie natürlich sterben würde, wenn wir sie nicht wieder an die Dialyse anschließen. Und dass das ihre Entscheidung sei. Es sei nicht mal großes Leid zu befürchten. Aber ich habe gesagt: »Lassen Sie uns in einer Woche darüber sprechen, ob wir noch mal einen Shunt legen, mit dem man Sie dialysieren kann. Ich respektiere, wenn Sie sagen, das möchten Sie nicht mehr.« Eine Woche später kam sie und sagte, sie wolle einen Shunt. »Was ist jetzt passiert?«, habe ich gefragt. Antwort: »Meine Tochter kriegt ein Kind.« Da war also etwas geschehen, das die Lebensperspektive dieser Frau völlig verändert hat. Hätte die Entscheidung eine Woche vorher angestanden und ich hätte Beihilfe leisten müssen, wäre das völlig im Einklang mit der Patientin und ihrer Perspektive gewesen. Aber eine Woche später hatte ein äußeres Ereignis alles verändert. Wenn du also sagst, wir fällen keine Todesurteile, weil das nichtrevidierbare Entscheidungen sind, gilt das in diesem Kontext ganz genauso.

B: Ich sehe da schon einen Unterschied. Wäre die Frau bei ihrem nachhaltigen Wunsch geblieben, ist das zum Beispiel im niederländischen Gesetz so geregelt, dass du als Arzt nichts tun kannst, es liegt nicht in deiner Hand. Sie handelt selbstbestimmt. Gäbe es die Todesstrafe, läge es in meiner Hand als Richterin zu sagen, jemand stirbt oder wird zum Tode verurteilt. Abgesehen davon bin ich auch der Meinung, dass es kein Verbrechen gibt, das wir mit dem Tod bestrafen sollten, weil das nicht unsere Sache ist. Aber die Entscheidung des Bundesverfassungsgerichts finde ich richtig: Der Mensch hat ein Recht darauf, dass sein Wunsch zu sterben akzeptiert wird, und dazu gehört auch die Möglichkeit, sich dabei die für sie oder ihn adäquate Hilfe zu holen. Es liegt dann an uns als Gesellschaft, ihr oder ihm zu zeigen, dass es auch anders geht. Und es gibt viele Wege. Über die Chancen palliativer Begleitung zum Beispiel haben wir ausführlich gesprochen. Jeder kann seinen Weg gehen.

N: Sowohl der Gesetzgeber als auch das Bundesverfassungsgericht lenken aber die Bewegung in unserer Gesellschaft. Wenn ich ein Signal gebe, so wie es der Deutsche Bundestag mit dem Paragrafen 217 getan hat, war das ein Signal für einen weiteren Aufbau bei der Palliativmedizin und eine Vertiefung der Hospizstrukturen. Mit der Aufhebung dieses Paragrafen haben wir jetzt eine Situation, in der wir parallele Strukturen aufbauen müssen. Meine Sorge und die meines Erachtens berechtigte Kritik mit Blick auf das Verfassungsgerichtsurteil sind, dass wir auch damit ein Signal geben: Am Ende kann die Beihilfe zum Suizid doch auch etwas Alltägliches werden.

B: Das Bundesverfassungsgericht hat in seiner ausführlichen Entscheidung mehrfach betont, dass es dazu nicht kommen soll. Aber du hast recht: Ein Signal ist gesetzt, damit müssen wir jetzt umgehen.

IV.

»Und die Männer aus der Straße trugen den Sarg.«

Rituale trösten. Aber was kommt danach?

B: Wir lassen unsere Toten nicht so einfach gehen. Warum nicht? Weil wir um sie trauern, weil wir wollen, dass andere Abschied nehmen können, weil der verstorbene Mensch im besten Fall Teil einer Gemeinschaft war. Aber wie verhalten wir uns in unserer Trauer? Wie kleiden wir unsere Trauer ein? Wie durchstehen wir unsere Trauer? Ich bin während der Arbeit an diesem Buch auf eine sehr schöne Zeitungsseite gestoßen mit der Überschrift »Die Gäste der Toten«[4]. In verschiedenen Artikeln ging es um die Besucherinnen und Besucher eines Friedhofs und ihre Verbindung und Beziehung zu ihren jeweiligen Toten. Um eine Mutter zum Beispiel, die das Grab ihres Sohnes besuchte. Um Geschwister, die das Grab ihres Bruders sehr ungewöhnlich gestaltet hatten. Und es gab die Geschichte einer Tochter, die sich um das Grab ihres Vaters kümmerte, der sie viele Jahre alleingelassen

4 »Mein Berlin«, in: *Tagesspiegel* vom 18. September 2021, S. 2.

hatte. Sie ging zu diesem Friedhof und betreute sein Grab. Sicherlich war das ein Ritual, um ihrem Vater nahe zu sein. Um ihre eigene Geschichte besser zu verstehen. Aber auch, um Trauer zu bearbeiten. Zu verarbeiten. Vielleicht sogar, um Trauer zu empfinden. Wie siehst du das, Eckhard? Was bedeuten uns Rituale, warum brauchen wir sie?

N: Zunächst würde ich unterscheiden zwischen Ritualen während und beim Sterben und den Ritualen nach dem Tod. Über das klassische Friedhofsmomentum haben wir ja schon gesprochen. Ich kann auf den Friedhof gehen, weil ich dort Zwiesprache halte und den Bezug zu meinem Verstorbenen herstelle. Aber diese Tradition löst sich ein Stück weit auf, haben wir gesagt. Da brauche ich bloß mich selbst anschauen: Wenn ich in meinen Heimatort fahre, wo mein Vater beerdigt ist, liegt der Friedhof praktisch auf halber Strecke von der Bundesstraße hoch zum Ort. Da halte ich immer an. Mein Besuch zu Hause schließt den Besuch am Grab meines Vaters jetzt ein.

B: Das ist bei mir genauso.

N: Trotzdem verbringe ich dort nie viel Zeit. Manchmal ist mir kalt, manchmal bin ich müde, manchmal bin ich spät dran. Ich bin häufig mit meinem Vater im Zwiegespräch. Aber nicht vornehmlich auf dem Friedhof.

B: Würdest du denn den Besuch am Grab als Ritual bezeichnen? Ich empfinde das, wenn überhaupt, als ein höchst individuelles Ritual. Es gibt für mich Rituale, die mehr Verpflichtung sind, und Rituale, die eher Halt und Stütze bieten. Als Verpflichtung betrachte ich es, dass man Gräber pflegt und nicht verkommen lässt. Das ist etwas, das zum

Common Sense dazugehört, also zu dem, was man eben tut, was sich gehört. Der Brauch, an Allerheiligen ein Grab zu besuchen und ein Licht zu entzünden, wäre dann ein eher unterstützendes Ritual, oder? Bei uns in der katholischen Kirche macht man an Allerheiligen die Gräber schön und stellt Lichter hin, Totenlichter.

N: Darum beneide ich euch. Das ist immer so schön anzusehen. Es ist eine eindrucksvolle Form, an die Transzendenz zu erinnern. Außerdem übt man sich ein, wenn du verstehst, was ich meine: Jedes Ritual hat zwei Seiten. Wer stirbt, kennt diese Rituale, weil er sie zu Lebzeiten selbst praktiziert hat. Das heißt, auch als Betroffener verbindest du dich mit diesen Erinnerungsritualen. Du weißt, du wirst eingebunden sein in einen Kontext des Familiären, des Sozialen, auch über deinen Tod hinaus. Deshalb sind Rituale nicht nur für die Hinterbliebenen wichtig und hilfreich, sondern auch für jeden Einzelnen mit Blick auf seinen eigenen späteren Tod.

B: Das finde ich ein schönes Bild. Auch als Lebender weißt du, wenn du irgendwann stirbst, gibt es diese Rituale. Der Gang an einen Ort der Erinnerung verbindet mich mit meiner Linie, mit den Menschen aus meiner Familie. Er verbindet mich mit den Menschen, die ich auf dem Friedhof sehe. Darüber haben wir gesprochen. Wenn ich an Allerheiligen auf den Friedhof gehe, verbindet mich das mit meinen Toten oder meinen Verstorbenen und meiner Fürsorge für das Grab. Es verbindet mich auch mit den Menschen, die ich dort treffe. Wir setzen unsere Beziehungen fort, wie auch immer sie gestaltet sind. So sind Rituale, glaube ich. Sie können Brücken bauen.

N: Aber lass uns noch einmal zurückgehen, Elke, zu den Ritualen während und beim Sterben. In der katholischen Kirche gibt es das Sakrament der Krankensalbung, früher sagte man »Letzte Ölung«. Die evangelische Kirche kennt das nicht. Weil es sich aber um ein Sakrament handelt, also aus Sicht des Gläubigen einen hohen Stellenwert besitzt, habe ich mich immer gefragt: Wie ist das wohl für jemanden, der die Krankensalbung empfängt? Tröstlich? Beängstigend? Oder hängt das davon ab, ob ich die Erfahrung meines Glaubens als positiv oder als belastend erlebt habe? Tatsächlich sehe ich es so, dass man unterscheiden muss, an welcher Stelle ein Ritual hilfreich sein kann und wo es unter Umständen zur Belastung wird.

B: Vielleicht sind es eher die Angehörigen, die ein Ritual wollen, als der Mensch selbst, der im Sterben liegt. Und vielleicht kann der Sterbende sich nicht mehr wehren. Dann ist so ein Ritual natürlich beängstigend und geschieht gegen den eigenen Willen.

N: Ich denke allerdings nicht, dass wir Rituale noch hätten, wenn sie von einem Großteil der Menschen als problematisch empfunden würden. Gerade weil sie sich lange gehalten und bewährt haben, sind sie hilfreich. Und dann wirken natürlich auch die Rituale im Sterben nach zwei Seiten: zunächst auf den Betroffenen, den Sterbenden selbst. Aber sie sind auch hilfreich für alle anderen Beteiligten, weil es dadurch etwas gibt, woran diese sich halten können. Ein Ritual ist wie eine Antwort auf die Frage: Wie verhalte ich mich? In dem Moment, da offensichtlich wird, dass mein Vater, meine Mutter, mein Angehöriger stirbt, ist das unter Umständen die größtmögliche Katastrophe. Gerade wenn es unvorbereitet kommt. Dann aber gibt es Handlungen, an die man sich erinnert. Dadurch bekomme ich eine Art Korsett, das mich stützt, ein Verhaltenskorsett. Das hilft mir in einer Situation, in der ich ansonsten weitgehend orientierungslos bin.

B: Als damals meine Mutter verstorben ist, das war schlimm. Aber meine Schwägerin und ich sind losgegangen und haben die Verwandten zur Trauerfeier eingeladen. Wir haben Bescheid gegeben, wir haben es immer wieder erzählt. Nach dem Trauergottesdienst und nach der Bestattung gab es dann die Trauerfeier. Das war ebenfalls sehr ritualisiert: ein großer Trauerkaffee, wie man ihn so kennt, wo die Menschen über die Verstorbene sprechen. Weil meine Mutter verhältnismäßig jung gestorben ist, waren viele von ihren Klassenkameraden da, Freundinnen und Freunde aus dem Chor, und die haben erzählt. Mich hat das getröstet.

N: Mir haben Rituale auch schon geholfen: das Ritual der Aussegnung, das Ritual der Aufbahrung. Wie gesagt, man weiß, wie man sich verhält. Bei uns auf dem Dorf war es früher bei einem Trauerfall so, der Hof rechts vom Trauerhaus kümmerte sich um die Angehörigen, der Hof links davon übernahm die Dinge mit der Kirche und organisierte die Trauerfeier. Das war ganz klar geregelt. Sogar wer die Tiere versorgte, war festgelegt.

B: Und die Männer aus der Straße trugen den Sarg.

N: Genau, jeder hatte seine Aufgabe. Dieser ganze traditionelle und ritualisierte Kontext macht einen großen Unterschied. Je nach religiöser Überzeugung können Rituale auch sehr verschieden sein. Aber ihre Funktion ist konstant: Menschen, Gruppen, Kulturen hängen an ihren Ritualen, weil sie eine Stabilisierung darstellen.

B: Selbst dann, wenn sie nicht gläubig sind.

N: Deshalb halten sich Rituale und entwickeln sich weiter, auch in unserer heutigen Gesellschaft. Durch den Bedeutungsverlust der Religion ist trotzdem viel von dem verloren gegangen, was früheren Generationen Stabilität und Trost gegeben hat. Wir müssen heute für vieles selbst sorgen. Ich will nicht falsch verstanden werden: Ich finde diese Weiterentwicklung auch positiv. Aber wir stehen vor neuen Herausforderungen.

B: Wir sollten einmal zusammentragen, welche Rituale rund um das Sterben und den Tod uns heute noch geläufig sind, Eckhard. Wie das Waschen und Anziehen der Toten zum Beispiel.

N: Wobei das heutzutage kaum jemand mehr selbst macht. Auch das Ankleiden des Toten übernimmt in den meisten Fällen der Bestatter. Wir haben zudem gerade über die Krankensalbung gesprochen und die Aussegnung erwähnt.

B: Generell kommt es darauf an, wo ein Mensch stirbt. Bei meiner Mutter war es tatsächlich so, dass wir Frauen in der Familie sie gewaschen und angezogen haben. Als das Bestattungsunternehmen kam, haben wir sie alle noch einmal gesehen in einer Art Sarg, in dem sie weggebracht wurde. Die katholische Kirche kennt das Ritual der Totengebete an bis zu drei Abenden vor dem Trauergottesdienst, bei denen die Menschen für den Verstorbenen beten, aber auch für die Lebenden, für die Angehörigen. Danach kommt die Bestattungsfeier. Oft ist es so, dass der Pfarrer vorher die Familie besucht und fragt, wie denn die Verstorbene oder der Verstorbene gelebt hat, um sie oder ihn beim Gedenken angemessen zu würdigen. Als mein Vater gestorben ist, haben wir ausführlich erzählt. Mir hat das sehr geholfen, und der Pfarrer konnte in der Kirche dann wirklich über das Leben meines Vaters sprechen. Das hat er gut gemacht im Sinne von: Er hat den Kern getroffen.

N: Das ist ein Schritt, den heute in vielen Fällen professionelle Trauerredner übernehmen.

B: Auch beim Bestatter, bei der Bestatterin gibt es so ein Gespräch, in dem noch einmal nachgefragt wird.

N: Nach der Geschichte des Verstorbenen?

B: Ja, durchaus. Aber man klärt auch, ob es denn eine Erdbestattung sein soll oder eine Feuerbestattung. Im Fall meines Vaters hat mein Bruder einen schwarzen Anzug rausgesucht, eine schöne Krawatte, ein Hemd und Schuhe. Auch wenn der Verstorbene eingeäschert wird, wird er noch einmal schön gemacht. Dann findet der Trauergottesdienst statt mit dem Sarg oder der Urne im Zentrum. Weil mein Vater im Schützenverein war, stand neben der Urne eine sehr schöne Kerze, die für jeden Toten aus dem Verein angezündet wird. Die Vereinsfahne stand dort auch. Alle Vereine, in denen er Mitglied war, haben Blumen gebracht, und dann steht das alles in der Kirche, in der der Gottesdienst stattfindet. Zum Ritual gehört auch, dass man Lieder aussucht. Als mein Vater gestorben ist, durften wir nicht singen, wegen Corona, das hat der Pfarrer dann allein gemacht, was aber auch sehr schön war. Nach dem Gottesdienst wird die Urne im Leichenwagen zum Friedhof gefahren, und die ganze Trauergemeinde geht hinterher.

N: Richtig, der Trauerzug. Das ist auch so ein Ritual.

B: Die Polizei hält so ein bisschen den Verkehr auf, weil der Zug zum Teil auf öffentlichen Straßen unterwegs ist. Auf dem Friedhof dann wird die Urne nach Gebeten und Einsegnungen ins Grab gelassen. So kenne ich diese unmittelbaren Rituale nach dem Tod. Wäre kein Corona gewesen, wären alle gekommen und hätten kondoliert. Stattdessen haben wir in mehr oder weniger weiter Entfernung auf dem Friedhof gestanden.

N: Danach kommt der sogenannte Leichenschmaus.

B: Bei meinem Vater ging das nicht, wegen der Pandemie.

N: Das waren auch wirklich außergewöhnliche Umstände. Normalerweise hängt die Zusammenkunft nach der Trauerfeier vor allem davon ab, ob es eine soziale Gemeinschaft gibt. Wenn der Verstorbene in keinerlei Gemeinschaft eingebunden war, fällt auch der Leichenschmaus aus. All diese Rituale funktionieren nicht mehr, wenn es keine Angehörigen im weitesten Sinne gibt. Nach dem Tod meines Vaters habe ich beispielsweise miterlebt, dass viele Menschen meiner Mutter Trauerbriefe geschrieben haben. Das ist ein weiteres Ritual, das eine Auseinandersetzung mit dem Tod erlaubt, und wenn man später die Danksagung schreibt, ist das noch mal ein Teil der Aufarbeitung.

B: Bei uns ist auch die Traueranzeige in der örtlichen Zeitung ganz wichtig mit der Angabe, wo die Bestattungsfeier, der Trauergottesdienst, stattfindet, und natürlich die Trauerkarten.

N: Was passiert eigentlich, wenn ein Trauernder all diese Rituale ablehnt? Die Möglichkeit, dass ein Sterbender ein Ritual wie die Krankensalbung als bedrohlich empfindet und deshalb für sich nicht möchte, haben wir ja schon thematisiert. Was aber, wenn die Angehörigen sich jedem tröstlichen Ritual verweigern?

B: Ich habe das nie erlebt, und ich weiß nicht, was ich dann machen würde. Vermutlich muss man es akzeptieren. Aber man wird natürlich als Freund oder Freundin, als Verbundener ausgeschlossen. Das ist schon so. Die Möglichkeit, in Gemeinschaft zu trauern, wird einem verwehrt. Es gibt zum Beispiel Familien, in denen einer allein entscheidet, dass die Mutter in einem anonymen Gräberfeld bestattet wird – und alle anderen sind heillos erschüttert darüber. Wenn alle so ein Begräbnis wollen, ist das völlig in Ordnung. Aber wenn nur einer es so verfügt, aus welcher Autorität heraus auch immer, während alle anderen sich einen konkret benannten Ort zum Trauern wünschen, ist das fürchterlich.

N: Rituale können integrieren über den Tod hinaus. Fehlen sie, bleibt der Tod außen vor, fehlt es an sozialer Integration.

B: Rituale führen zusammen.

N: Wobei dein Punkt noch einmal unterstreicht, wie wichtig es ist, dass der Verstorbene selbst vorher festgelegt hat, was er sich an Ritualen wünscht. Wenn ich keine Erwartungshaltung formuliere, weil ich zum Beispiel Angst vor dem Tod habe und mich gar nicht dazu äußere, endet das schlimmstenfalls im Streit, weil die unterschiedlichen Erwartungen der Hinterbliebenen aufeinandertreffen könnten. Ich kenne Menschen, die im Vorfeld sogar festgelegt haben, was auf ihrer eigenen Beerdigung gesungen werden soll. Unser guter Onkel Hans hat bestimmt, wie auf ihn angestoßen werden sollte bei seinem Leichenschmaus. Rituale werden besonders wirksam, wenn jemand vorher festlegt: »So und so wird es gemacht.« Das war schon gut organisiert, früher auf dem Dorf, als klar war, welche Nachbarn für welchen Teil der organisatorischen Pflichten zuständig waren.

B: Deshalb brauchen wir Rituale. Sie stabilisieren, entlasten und verbinden.

N: Ohne Frage. Ich will diesen Wert auch überhaupt nicht in Abrede stellen, weder die kulturelle Bedeutung noch den tröstlichen Aspekt, die Hilfe für den Einzelnen, die Chance, sich einzuüben auf die eigene Unendlichkeit. Aber alle ritualisierten Handlungen bergen auch eine gewisse Gefahr.

B: Was für eine Gefahr?

N: Weil man Menschen unter Umständen nicht erreicht. Das ist vielleicht auch der Grund, warum die kirchliche Bestattung nicht mehr den Stellenwert hat wie früher. Die Leute fühlen sich nicht mehr abgeholt.

B: Vermutlich kommt es darauf an, wie man selbst zu diesen Dingen steht. Jedenfalls bergen Rituale die Gefahr zu erstarren. Auch deshalb fand ich die Besuche in Kinder- und Jugendhospizen lehrreich und berührend. Das waren herausfordernde Stunden, aber wie gesagt: Letztlich sind das Orte des Lebens. Familie und Freunde bekommen dort alle Unterstützung, die sie brauchen. Und es gibt einen Verabschiedungsraum, wo zum Beispiel die Freunde aus dem Fußballclub zusammen sein können. Der Aufbahrungsort wird individuell gestaltet. Es gibt also Rituale, die helfen und stützen, aber eigentlich geht es darum, genau jene Formen zu schaffen und zu ermöglichen, die Menschen sich wünschen. Vielleicht könnte man sie als individualisierte Rituale bezeichnen.

N: Ich erlebe immer wieder Momente, in denen Rituale nicht tragen. Ein Beispiel: der Moment, in dem der Sarg in den Boden gelassen wird und die Erde darauf fällt. Jeder, der das mal miterlebt hat, hat diesen Klang im Ohr. Das ist ein ganz besonderer Ton, den man nicht wieder vergisst. Für mich zum Beispiel hat dieser Ton etwas Erschreckendes. Das ist so …

B: … so definitiv?

N: So endgültig, ja. Es ist auch ein brutales Geräusch, das wehtut. Schon der Ton klingt nach der Einsamkeit danach. Ähnlich ist es mit dem Abschiednehmen. Du hast erzählt von dem schönen Brauch des Leichenschmauses – aber danach ist auf einmal Ende mit den Ritualen. Was passiert dann? Was wird dann aus den Menschen, die trauern und die unter Umständen allein geblieben sind? Wo ist eine Begleitung über die ritualisierte Handlung hinaus? Wird die Person, die trauert, von uns noch gesehen? Angesichts der starken Verdrängung des Todes in unserer Gesellschaft habe ich den Eindruck, dass auch das negiert wird. Du kommst mit deiner Trauer oft nirgendwo an, kannst schlecht anknüpfen. Du bleibst damit allein. Man hat gerne so ein ideales Bild von der Großfamilie im Kopf, wo die betroffene Mutter, die ihren Ehemann verloren hat, weiterhin am gemeinsamen Tisch mit den anderen sitzt und ihren Platz hat, in ihrer Traurigkeit. Vielleicht trägt sie Schwarz, auch das ist ja so ein Ritual, mit dem wir nach außen signalisieren: »Ich leide, ich bin in Trauer. Nehmt das doch bitte wahr.« Aber ich erlebe es in den letzten Jahrzehnten so, dass es uns gesellschaftlich immer weniger gelingt, Trauernde wahrzunehmen. Das verliert sich mehr und mehr. Der Raum ergibt sich nicht.

B: Das stimmt, der Raum ergibt sich nicht. Manchmal treffe ich Menschen oder habe im beruflichen Kontext mit ihnen zu tun und erfahre erst hinterher, dass diese Person gerade ihren engsten, liebsten Angehörigen verloren hat. Vielleicht war mir etwas aufgefallen in der Begegnung, aber ich habe es halt nicht gewusst. Es gibt heute keine verbindlichen äußerlichen Zeichen mehr. Die schwarze Kleidung ist es nicht mehr. Ich denke dann immer, wenn ich es gewusst hätte, hätte ich vielleicht anders reagiert. Aber: Spricht man so etwas an? Im Umgang mit Tod und Trauer ist die Unsicherheit groß. Es gibt Menschen, die können es schwer ertragen, wenn sie gefragt werden: »Wie geht es dir denn?« – »Wie soll es einem schon gehen? Warum stellt der andere diese Frage?« Für manche Menschen ist es ein zusätzlicher Schmerz, wenn sie auf ihren Verlust angesprochen werden. »Wie geht es dir denn?« ist nicht selten eine rituelle Frage.

N: Zumindest sind wir manchmal irritiert, wenn jemand ehrlich sagt: »Mir geht es nicht gut.«

B: Deswegen vermeide ich die Frage häufig. Aber wenn ich wüsste, jemand hat einen schmerzhaften Verlust erlitten, würde ich nach einem Weg suchen, um darauf einzugehen. In einem Dorf, in einer kleinen Gemeinschaft, in einer Familie, da weiß es jeder, da kann man reagieren. Auch wenn man enge Freunde hat, die einen Menschen verloren haben, weiß man Bescheid und kann sich verhalten. Aber dir, Eckhard, ging es eigentlich weniger um die Verhaltensschwierigkeiten des Umfelds als um die Person des Trauernden selbst. Und da hast du recht: Rituale binden dich zusammen, geben dir eine Fassung, aber wenn sie vorüber sind, fehlt diese Fassung. Wenn also die Rituale unmittelbar rund um das Sterben und den Tod vorbei sind, die Bestattung, die Trauerfeier, der Leichenschmaus – was dann?

N: Dann wird es meist erst richtig schwer. Ich glaube, das ist etwas, das wir nur in Gemeinschaft tragen können und auch müssen. Da beginnt wieder das Soziale, die Notwendigkeit, mich zu erfahren als Teil eines größeren Ganzen. Aber je stärker wir soziologisch betrachtet in Kleinfamilien und Einzelhaushalten leben, umso weniger ist die gegenseitige Unterstützung per se gegeben. Deshalb ist es so wichtig, an dieser Stelle hinzuschauen. Wenn ich persönlich die Erfahrung mache, dass ich allein bleibe mit meiner Trauer, verstärkt sich zugleich meine Angst, meine Sorge, vor meinem eigenen Tod. Meine Perspektive verdunkelt sich. Es hat also Konsequenzen, wenn wir uns nicht gegenseitig begleiten. Sowohl individuell als auch für die Gesellschaft wird der Tod immer belastender. Nur zum Vergleich: Wenn man früher schwarz gekleidet war, wurde man wahrgenommen. Selbst wenn man als trauernder Angehöriger oder als trauernde Familie nicht direkt angesprochen wurde, wurde man gesehen. Wenn solche Dinge nun wegfallen und auch bestimmte soziale Kontexte eine geringere Bedeutung haben als früher, wird es schwieriger. Ich sehe da tatsächlich einen Mangel. Und auch Handlungsbedarf: Wir müssen Energie investieren und das Thema besser in unser Leben integrieren. Wir wissen auch vergleichsweise wenig über Trauerrituale anderer Glaubens- und Kulturgemeinschaften in unserem Land. Wir führen Gespräche zwischen Muslimen und Christen und Juden und Christen, aber wenn es ums Sterben geht, sind wir …

B: … separiert.

N: Dabei würden wir uns wahrscheinlich ganz anders verstehen, wenn wir uns in dieser Situation begegnen und erleben würden.

B: Ich kann mich nur wiederholen: über das Sterben das Leben kennenlernen!

N: Auch für die Frage, was wir für den Einzelnen tun können, um ihm das Abschiednehmen in unserer Gemeinschaft zu erleichtern, wären solche Treffen über kulturell-religiöse Grenzen hinweg eine echte Chance: Wenn 85 Prozent der Bevölkerung derselben Religion angehören, weiß jeder ungefähr, was bei einem Trauerfall zu tun und wie damit umzugehen ist. Das trifft nun aber nicht mehr zu. Also müssen wir uns innerhalb der Gesellschaft besser kennenlernen. Und das wäre auf dem Feld der Trauerrituale vielleicht sogar leichter möglich als auf anderen Gebieten, weil wir uns ja viel näher wären, sobald wir die erste Schwelle überwunden hätten. Trauernde Menschen sind in aller Regel offener und empfänglicher für Beistand, als man das in anderen Lebenssituationen ist.

B: Ich kann mir allerdings auch Fälle vorstellen, in denen man alles andere als zugänglich ist.

N: Das stimmt, auch das ist wichtig, auch das müssten wir voneinander lernen. Natürlich braucht es eine empathische

Kommunikation, um den anderen wirklich zu erreichen und herauszufinden, was er braucht. Wir haben schon über die mittelalterliche *Ars moriendi* gesprochen, ich aber würde ergänzen, es gibt auch eine *Ars vivendi*, und zu dieser Kunst des Lebens gehört es eben auch, dass ich mich mit dem Tod auseinandersetze. Wenn wir über Defizite sprechen, sehe ich da wirklich viel Potenzial für eine bessere Gemeinschaft, für ein besseres Zusammenleben.

B: Es gibt ja Trauergruppen, in denen sich Menschen zusammenfinden, Eltern etwa, die ihre Kinder verloren haben, oder Menschen, die ihren Partner verloren haben. Das sind Strukturen, die sich in den letzten zwei bis drei Jahrzehnten herausgebildet haben und die Trost bieten jenseits von kirchlich-religiösen Strukturen, weil Menschen dort die Erfahrung machen, dass sie nicht allein sind in ihrem Leid. Solche Gruppen gehen schon über die Rituale hinaus, die unmittelbar mit dem Sterben und dem Tod verbunden sind. Ich bin fest überzeugt, dass man auf trauernde Menschen zugehen muss. Von allein ist es, glaube ich, sehr schwer, aus diesem Trauerprozess heraus die Initiative zu ergreifen.

N: Das Charakteristikum eines traurigen Menschen ist die Verlassenheit. Denn er ist ja tatsächlich verlassen worden. Aus dieser inneren Verlassenheit kommt man schwer heraus. Du bist in deinem Schmerz gefangen. Vielleicht versuchst du durch die Wiederaufnahme deiner Berufstätigkeit, die Dinge ein bisschen zu verdrängen. Aber dann merkst du, du bleibst allein.

B: Entweder, weil es keiner weiß oder weil die Leute nicht wissen, wie sie mit deiner Trauer umgehen sollen.

N: Jedenfalls ist das ein Aspekt, wo wir über die gut eingeübten ritualisierten Verhaltensweisen hinweg eine neue Aufgabe haben.

B: Vor allem, denke ich, sollte man Trauer nicht pathologisieren. Trauer ist nichts, was man wegtherapieren kann. Sie ist einfach da, bei manchen bleibt sie in großer Heftigkeit sogar für immer. Aber auch das muss in Ordnung sein. Der Mensch, den ich verloren habe, ist ja auch für immer nicht mehr in meinem Leben. Wie du gesagt hast: Wir müssen neue Formen finden, damit Menschen sich angenommen fühlen. Trauergruppen können ein Ansatz sein.

N: Allerdings haben sie eine Schwachstelle. Bei meinen Patienten zum Beispiel unterstütze ich Selbsthilfegruppen sehr, weil ich die Erfahrung mache, dass Betroffene sich untereinander besser austauschen können als mit Menschen, die ihre Erfahrung nicht teilen. Dasselbe gilt für jemanden, der einen schweren Verlust zu verkraften hat. Oft ist es ja das erste oder einzige Mal, dass man einen Menschen verliert, mit dem man lange zusammengelebt hat. Da ist das Gespräch mit anderen hilfreich, die eine ähnliche Erfahrung hinter sich haben, keine Frage. Aber diese gegenseitige Hilfe beinhaltet auch, dass ich in einer Gruppe bin, in der alle eine vergleichbare Lebenssituation haben, in der aber natürlich keine Integration in die Gesellschaft stattfindet. Dabei ist dieses Gesehenwerden innerhalb des alltäglichen Lebenskontextes wichtig. Auch, um ins Alltagsleben zurückzufinden.

B: Sonst bleibt man am Ende doch isoliert.

N: Neulich hat eine ältere Freundin zu mir gesagt: »Jetzt ist mein Mann zwanzig Jahre tot, und ich merke, langsam kann ich damit leben.« Zwanzig Jahre! Natürlich haben wir uns in diesen zwanzig Jahren gesehen, sie und ich. Wir haben auch über ihren Mann geredet. Aber der Schmerz, die Empfindung des Verlustes, vielleicht auch die Aussichtslosigkeit, damit irgendwie umgehen zu müssen, hat sie praktisch zwanzig Jahre aus dem Leben genommen.

B: Die Schlussfolgerung kann doch nur sein, dass wir auch außerhalb von Ritualen die Bereitschaft haben sollten, die Trauer anderer Menschen wahrzunehmen. Jeder und jede Einzelne. Es muss möglich sein zu sagen: Ich trauere. Ich habe etwas Schweres erlebt, und mir geht es jetzt nicht gut. Nicht jeder möchte das sagen, klar. Aber es muss möglich sein. Dann müsste es ein Klima in der Gesellschaft geben, am Arbeitsplatz, im Bekanntenkreis, sich damit auseinanderzusetzen in einer Weise, die den anderen tröstet oder ihm zumindest das Gefühl gibt, dass das in Ordnung ist. Die Botschaft muss sein: Du darfst trauern, und wir sind da.

N: Das ist ein wichtiger Gedanke, finde ich: Als Trauernder kann ich dabei sein, auch wenn ich eigentlich gedanklich, innerlich, gefühlsmäßig irgendwo ganz anders bin. Ich darf so sein, wie ich mich fühle. Und Teil der Gemeinschaft. Kulturell und sozial war dieses Thema übrigens schon immer eine Aufgabe, das lesen wir bereits im Alten Testament. Vielleicht begleitet uns diese Herausforderung schon von Menschengedenken an. Aber ich glaube, wir in unserer heutigen, sich immer stärker vereinzelnden Gesellschaft müssen das noch mal ganz besonders betrachten.

V.

»Ich wünsche mir im Paradies ein Zimmer.«

Das Rätsel der menschlichen Existenz und die Frage, was bleibt

N: Was ist der Mensch?

B: Ja, was ist der Mensch? Was für ein Bild vom Menschen haben wir? Und gilt das so für jeden Einzelnen? Wir wollen über unterschiedliche Konzepte in unserer Geistesgeschichte, in Kultur und Religion, sprechen. Welches Bild von der menschlichen Existenz zeichnen Biologie und Medizin, Eckhard?

N: Ich will vorausschicken, dass keine Position zu diesem Thema, keine Erklärung durchgängig auf Akzeptanz trifft. Biologisch betrachtet lässt sich der Mensch so beschreiben: Er ist ein Säugetier, das wie viele andere Säugetiere seinen spezifischen Reproduktionszyklus hat, das auf bestimmte Lebensbedingungen angewiesen ist und das gewisse Fähigkeiten, aber auch Defizite mitbringt. Die Spezies Mensch hat sich im Lauf der Zeit entwickelt. Außerdem ist der Mensch ein vernunftbegabtes Wesen, was wir von anderen Spezies nicht behaupten würden. Das ist die vielleicht wichtigste Unterscheidung, die, wie ich glaube, sogar eine biologische Grundlage hat. Denn die deutliche Trennung zwischen einer körperlichen und einer psychischen Struktur des Daseins, wie wir sie beim Menschen sehen, ist uns von anderen Spezies zumindest nicht bekannt.

B: Ich würde allerdings nicht wagen, die These aufzustellen, dass wir die einzige Spezies wären mit einem Bewusstsein für das Ich und einer Fähigkeit, die uns vorausschauend denken und planen lässt. Es gibt eindrucksvolle Forschung zu Primaten zum Beispiel, die Spezies der Menschenaffen scheint uns doch in manchen Verhaltensweisen sehr ähnlich.

N: Da wird es schon kompliziert. Ich würde genauso wenig ausschließen, dass andere Spezies über eine Wahrnehmung des eigenen Ichs verfügen, vielleicht sogar über eine Zukunftserwartung, einen übergeordneten Daseinsplan. Das können wir als Menschen gar nicht ausschließen. Mit unserer Vernunftbegabung jedoch bewegen wir uns auf einer anderen Entwicklungsstufe. Nicht zu Unrecht sprechen wir vom Homo sapiens. Das, was wir mit Vernunft beschreiben, ist die Fähigkeit, sich über das eigene Ich hinaus Gedanken zu machen, zu planen und zu handeln. Was einschließt, dass es moralische, ethische, intellektuelle Ressourcen gibt, auf die man sich beziehen kann. Also zum Beispiel das Wissen, das wir jetzt über Jahrtausende generiert haben, die Kultur, die sich über all diese Zeit entwickelt hat – das sind Ressourcen, auf die wir heute aufbauen können und die diese spezifische menschliche Fähigkeit, über sich selbst hinaus zu denken und zu handeln, noch einmal besonders unterstreichen.

B: Meinst du, dass uns auch unser Bewusstsein vom eigenen Ende im Laufe der Menschheitsgeschichte zugewachsen ist? Und ist das wiederum eine wesentliche Quelle für vorausschauendes, planendes Handeln?

N: Das eigene Ende? Nein. Da muss man weiter differenzieren. Zunächst geht es nur um die menschliche Fähigkeit, meine Pläne und Ziele im Leben auf historische Erfahrungen zu gründen, und das nicht allein, weil ich über die entsprechende genetische Disposition verfüge. Anders als andere Spezies können wir Erfahrungen reflektiert aufnehmen und auf dieser Grundlage Dinge planen und umsetzen. Wir unterscheiden zwischen einer rein biologischen, auf einer zellulären, genetischen Basis funktionierenden Lebendigkeit und einer auf der neuronal-reflektierten, auf der denkenden Ebene.

B: Nach derzeitigem Wissen. Aber spielt die eigene Endlichkeit keine Rolle? Fließt sie nicht in unser Handeln ein?

N: Die Wahrnehmung der eigenen Endlichkeit wird interessanterweise menschheitsgeschichtlich als Ursprung von Religion interpretiert. Weil der Mensch seine Endlichkeit wahrnimmt, entwickelt sich Religion als etwas, das diese Tatsache in eine andere Dimension einordnet. Religion macht ein Angebot, leitet aus der menschlichen Endlichkeit eine Perspektive ab, wobei das je nach Religion ganz unterschiedliche Perspektiven und Angebote sein können. Das Wissen um den eigenen Tod ist keine Frage der Vernunft. Dieses Wissen ist nichts, was uns von anderen Lebewesen unterscheidet. Hinzu kommt: Wir können dieser Frage nicht mit unserem Intellekt begegnen, stattdessen brauchen wir Antworten, die uns die Religion bieten kann.

B: Ich denke ja vor allem, dass wir Menschen notwendigerweise lernende Wesen sind. Ein Kind, das auf die Welt kommt, muss lernen, was du gerade Jahrtausende an Erfahrung genannt hast. Es gab grausame Experimente, für die man Kinder völlig isoliert hat aufwachsen lassen, es gibt diese Erzählung von Kaspar Hauser, die uns zeigt: Ohne den anderen ist der Mensch nichts. Wir müssen lernen, um Mensch zu werden. Würdest du mir da zustimmen?

N: Noch so eine Frage, die nicht einfach zu beantworten ist. Ich stimme dir zu, dass der Mensch sich in seiner persönlichen Entwicklung Fähigkeiten aneignen muss. Inwiefern das eine Art Wiedererkennung von Fähigkeiten ist, die er mitbringt, wurde schon in der griechischen Philosophie intensiv diskutiert. Ob beispielsweise die Wahrnehmung eines Gegenstandes bei mir auf ein schon vorhandenes Wissen trifft: Vielleicht muss ich lernen, dass ein Tisch »Tisch« heißt, aber ich weiß vorher, dass es sich um einen Tisch handelt. Die platonischen Urbilder sind Teil seiner Ideenlehre und erstrecken sich auch auf unser Bemühen als Individuen, das Ideal des Menschseins zu erreichen. Es gibt religiöse Traditionen, die in ähnlicher Weise davon ausgehen, dass jedes Kind bei seiner Geburt ein Wissen vom Paradies mitbringt. Interessanterweise gibt uns die moderne Genetik Hinweise darauf, dass daran etwas stimmen kann.

B: Ein Wissen vom Paradies – inwiefern?

N: Es gibt diesen Begriff der Epigenetik, ein Phänomen, das uns erst in den letzten Jahrzehnten zunehmend klarer wird. Die Epigenetik beschreibt, wie Erfahrungen, die Menschen früherer Generationen gemacht haben, in einer späteren wiederauftauchen, auch wenn sie sich in der dazwischenliegenden Generation nicht ausgeprägt haben: Ein Enkel kann etwas, was der Großvater gelernt hat, auch wenn die Elterngeneration das nicht erlebt hat.

B: Sagen wir mal, der Großvater ist ein begabter Schreiner oder Bildhauer. Sein Sohn, seine Tochter haben diese Begabung nicht, die Enkelin wiederum sehr wohl. Aber du meinst auch dramatische Ereignisse, die von außen auf den Menschen eingewirkt haben, Krieg, Folter, das Erleben absoluter Machtlosigkeit. Du meinst, dass die Erfahrung Generationen überspringen kann, und unter dem Begriff Epigenetik betrachtet man, inwiefern sich das eingeschrieben hat in das, was mich biologisch ausmacht, nämlich in meine Gene.

N: Genau so kann man es ausdrücken. Es geht dabei weniger um Fähigkeiten als um Erfahrungen. Und nicht nur die Erfahrungen tauchen in späteren Generationen wieder auf, sondern auch die Art und Weise, wie jemand aus der früheren Generation darauf reagiert hat. All diese Beobachtungen lassen vermuten, dass wir ein genetisches Gedächtnis haben. Spannend ist daran, dass, wie du gesagt hast, insbesondere traumatische Erfahrungen, sowohl individuelle als auch kollektive Traumata, auf der biologischen Ebene weitergegeben werden können. Selbst wenn es gelingt, die direkte Kindergeneration mit etwas nicht zu belasten, weil man die Erfahrung vielleicht gar nicht mitteilt oder gar verheimlicht, tritt es wieder auf. Damit ist die Frage des Gedächtnisses oder des Erlernens von Fähigkeiten nicht mehr nur ein intellektuelles Phänomen, sondern offensichtlich auch ein biologisches. Wir verstehen diese Prozesse heute noch nicht so ganz genau.

B: Interessant.

N: Erklärungsmodelle für das Zusammenspiel von Biologie und Vernunft, von Körper und Geist haben in der Vergangenheit übrigens abhängig vom jeweiligen Erkenntnisstand ganz unterschiedliche Phasen durchlaufen.

B: Wie meinst du das?

N: In früheren Zeiten lautete die vorherrschende Vorstellung: Alles ist vom Schicksal vorgegeben. Im christlichen Menschenbild gab es – wie in anderen monotheistischen Menschenbildern auch – einen Gott, der sagte: »So ist dein Leben, so wird dein Leben.« Da war nicht viel dran zu rütteln. Jahrhundertelang waren wir von einem solchen schicksalhaften Dasein überzeugt. Irgendwann im späten Mittelalter jedoch wurde die Freiheit des Denkens wichtig. Wenn man nun auf einmal etwas anderes denken wollte als das, was vorgegeben war, wenn man sich anders verhielt, taten sich neue Möglichkeiten auf, und das Individuum gewann an Bedeutung. Etwa Mitte des 20. Jahrhunderts wiederum entstand die Vorstellung, dass der Mensch im Wesentlichen Ausdruck seiner Umgebung ist: Ich bin also kein Individuum, das bestimmte Vorgaben realisiert, wo auch immer die herkommen. Ich bin eigentlich nur eine Reaktion auf mein Umfeld, eine Art Reflexion der Umstände, in denen ich aufwachse. Die Bedeutung der Erziehung und des sozialen Kontextes wurden in diesem Modell sehr stark betont. Gegenwärtig, glaube ich, befinden wir uns eher wieder auf dem Rückzug und erkennen an: Okay, es gibt vielleicht doch mehr Dinge, die der Mensch von Geburt an mitbringt. Es handelt sich um ein Wechselspiel.

B: Das ist alles auch stark ideologieanfällig. Diese Frage: Bin ich eine Blackbox, und alles wird von außen in mich hineingegeben? Oder ist alles vorgegeben, weshalb gilt: »Schuster, bleib bei deinen Leisten«, wie es die Redewendung profan, aber prägnant zum Ausdruck bringt. Ich halte beide Extreme für falsch. Oder kann aus einem durchschnittlich begabten Menschen eine Top-Mathematikerin oder eine Handwerkerin mit goldenen Händen werden?

N: Nein. Außergewöhnliche Talente haben meiner Meinung nach etwas mit einer genetischen Disposition zu tun. Wenn ein Vier- oder Sechsjähriger geniale mathematische Fähigkeiten hat, ist das weder erlernt noch eine Reflexion auf seine Umgebung, sondern etwas Mitgebrachtes.

B: Aber die Vorstellung, dass man dem durchschnittlich begabten Menschen die richtige Umgebung bieten muss, ein entsprechendes Lernumfeld und Chancen, die ihn befähigen, etwas aus sich zu machen, weil er auf diese Weise fast alles werden kann, was er möchte – diese Vorstellung hält sich nach wie vor. Davon bin auch ich überzeugt. Bei aller Gefahr einer ideologischen Überfrachtung – letztlich geht es um die Frage: Inwiefern ist der Mensch ein soziales Wesen? Was bedeutet die soziale Dimension?

N: Deshalb haben wir ja mit der Biologie begonnen. Unsere genetische Disposition allein, wie du mit dem Hinweis auf Kaspar Hauser deutlich gemacht hast, macht uns nicht zu lebensfähigen Menschen. Für die Spezies Homo sapiens ist ein soziales Gefüge notwendig, um zu existieren. Das beginnt schon bei der Geburt, ohne Mutter wirst du nicht groß, oder jedenfalls nur schwer. Lernen ist die soziale Grundvoraussetzung für ein eigenständiges Dasein. Und dann gibt es dieses Wechselspiel zwischen Biologie und sozialem Kontext, in dem je nach Denkrichtung mal der einen, mal der anderen Seite mehr Einfluss zugeschrieben wird. Im letzten Jahrhundert gab es da einen wichtigen Bruch durch die Psychoanalyse, die sich dem Menschen stark als biologischem Wesen genähert hat. Sigmund Freud verstand den Menschen als Geschöpf, das seine eigenen Triebe befriedigen will. Triebbefriedigung galt als Energie für jedes individuelle Handeln, während der soziale Kontext als Einfriedung diente, damit angesichts von Millionen triebgesteuerter Individuen nicht totales Chaos entsteht. Man kann das alles natürlich anzweifeln. Aber auch die Frage der Religion, die Rolle von Ritualen im gemeinsamen Leben hatte für ihn eine befriedende Wirkung auf das eigentlich unbefriedete, triebgesteuerte, nach individuellen Erfolgen strebende Ich.

B: Das stellt aber wiederum die Biologie ganz massiv in den Mittelpunkt, oder?

N: Ja, den materialistischen Menschen mit seinen Zielen und der Rücksichtslosigkeit, sich unter Umständen auch an allen vorbeizuentwickeln. Dafür gab es den Begriff des Homo oeconomicus, dessen Rationalität darin besteht, dass er alles Handeln auf seinen eigenen Vorteil fokussiert. Diese Sichtweise ist in den letzten Jahrzehnten wiederum zunehmend infrage gestellt worden, weil viele wissenschaftliche Experimente zeigen, dass wir Menschen auch intuitiv im sozialen Kontext handeln. Es ist uns wichtig, altruistisch zu handeln, selbst wenn wir dadurch individuelle Vorteile aufgeben. Weil es ein Ziel sein kann, in einer sozialen Gemeinschaft etwas zu realisieren, und eben nicht allein.

B: Vielleicht ist ja genau das der eigene Vorteil, den wir anstreben: Vielleicht verfolgt altruistisches Handeln das langfristige Ziel, in einer Gemeinschaft aufgehoben zu sein, die es eben braucht, um als Mensch zu überleben.

N: Genau. Weil wir die Gemeinschaft brauchen, halte ich alle sehr stark individualisierten Vorstellungen vom Menschen für falsch. Das ergibt auch biologisch keinen Sinn. Ich glaube tatsächlich, dass der Mensch als soziales Wesen den starken Kontext einer sozialen Einbindung braucht und dass er dementsprechend über die Jahrtausende seiner Entwicklung gelernt hat, dass Handeln für andere ihm durchaus nutzt. Weshalb er das intuitiv tut, ohne dass man dafür irgendetwas an Moral oder Ethik vorausschicken, geschweige denn zum Gesetz machen müsste. Die Regeln des gesellschaftlichen Zusammenlebens sind etwas anderes. Wir reden hier gerade über die Basis.

B: Wann hat der Mensch angefangen, das zu begreifen? Gut, wenn wir ganz weit zurückgehen – ohne seine Horde hätte der Mensch wohl nie überlebt. Aber gehen unsere Vorstellungen davon, dass wir als Individuen eingebettet sind in eine Gesellschaft, dass wir also auch soziale Wesen sind, auf die griechischen Philosophen zurück?

N: Die sogenannten Klassiker, auf die sich die europäische Weltanschauung bezieht, stammen tatsächlich aus der griechischen Philosophie. Die beiden Denker, die da immer wieder zitiert werden, weil sie einen dem unsrigen verwandten Vernunftbegriff entwickelt haben, sind Platon und Aristoteles. Damit war das menschliche Dasein nicht mehr nur den Naturgesetzen unterworfen. Von hier an existiert die Vorstellung, dass der Mensch Erfahrungen macht und dass diese

Erfahrungen dazu führen, dass er sich auf eine bestimmte Art und Weise entwickelt. Und dann braucht es auch Strukturen, die ein übergeordnetes Verhaltensziel formulieren, wie zum Beispiel eine Polis, ein Gemeinwesen, das Gesetz, den Staat. In einem seiner berühmten Dialoge beschreibt Platon den Tod des Sokrates. Sokrates wird wegen Gotteslästerung zum Tode verurteilt. Er stellt die Existenz der Götter generell infrage und fordert seine Umwelt dadurch heraus, indem er deutlich macht, dass er als derjenige, der weiß, dass er nichts weiß, besser urteilen kann als diejenigen, die auf Grundlage von vorgefassten Meinungen oder Glaubensüberzeugungen handeln. Das war damals eine große Provokation. Man könnte auch sagen: Weil Sokrates sich gegen die gängigen Vorstellungen, gegen die Regeln stellte, wurde er ausgegrenzt. Nun bekommt der Philosoph die Möglichkeit zu fliehen, wie Platon schreibt, er könnte sich aus dem Staub machen. Aber das tut er nicht, interessanterweise. Stattdessen nimmt er den Giftbecher – das war im 4. und 5. Jahrhundert v. Chr. die Art und Weise, wie man Menschen zu Tode brachte – und trinkt. Weil er es als Teil seines Menschseins begreift, die geltenden Gesetze zu befolgen und die Gesellschaftsstruktur zu achten. Er bleibt überzeugt, dass das Urteil ungerecht ist. Aber er unterwirft sich, selbst wenn das bedeutet, sich selbst zu töten. Das Befolgen der Spielregeln, die gesellschaftlich vereinbarten Gesetzmäßigkeiten sind für ihn Teil dessen, was den Menschen ausmacht. So viel noch einmal zu unserer Ausgangsfrage: Was ist der Mensch? Die Auseinandersetzung über die Bedeutung des Denkens, über die Bedeutung der Vernunft und des sozialen Kontextes beginnt mit der klassischen griechischen Philosophie. Im Mittelalter wird das wieder aufgegriffen mit diesem Satz, der Descartes zugeschrieben wird: Ich denke, also bin ich. Wir beziehen uns auf dieses Vermächtnis bis heute: der Mensch als denkendes, also vernunft- und verantwortungsbegabtes Wesen.

B: Für mich hat dieser Konflikt zwischen dem, was der Einzelne individuell für richtig hält, und dem Gemeinwesen, dem es unterworfen ist, etwas sehr Grundsätzliches und Aktuelles. Oder, um einen Ausflug zu Corona zu machen: Während der Pandemie wurde immerzu diskutiert, welche Regeln sinnvoll sind, um eine Ausbreitung des Virus zu verhindern. In Einzelfällen dachte ich da schon, ich kann eine Maßnahme nicht nachvollziehen. Trotzdem habe ich mich daran gehalten, weil die Regeln von einer demokratisch legitimierten Institution aufgestellt worden waren. Deshalb finde ich dieses Beispiel von Sokrates wegweisend für unser heutiges europäisches Denken: Ich akzeptiere etwas, weil es im Rahmen einer Ordnung geschaffen worden ist, die ich respektiere und grundsätzlich für richtig halte, selbst dann, wenn ich eine Einzelentscheidung für falsch halte. Unserem Rechtsstaat liegt diese Annahme zugrunde, so funktioniert er, bis heute. Vielleicht finde ich eine einzelne Entscheidung für sich genommen falsch. Dann aber weiß ich, mir stehen bestimmte Möglichkeiten zur Verfügung, um gegen diese Entscheidung vorzugehen. Nichtsdestotrotz halte ich mich an den Rahmen. Für unsere Herangehensweise an Staat und Gesellschaft ist diese Haltung konstitutiv.

N: Man muss mit Blick auf die Historie gewisse Abstriche machen. Athen war damals ein Tyrannenstaat und keine Demokratie. Aber die Fragen »Wie viel bin ich selbst?« und »Wie viel bin ich als Teil der Gemeinschaft?« ziehen sich wie ein Kontinuum durch die verschiedensten Philosophien. Das gilt für das Leben wie für das Sterben.

B: Was bedeutet es denn für das Sterben, dieses Wechselspiel zwischen dem Einzelnen und der Gemeinschaft?

N: Wir haben ja schon an anderer Stelle festgehalten, wie viele Menschen in unserer Gesellschaft heute einsam, ohne Anbindung, vielleicht sogar ohne innere Anbindung sterben. Da ist dieses für den Menschen so existenzielle Wechselspiel aus dem Gleichgewicht geraten.

B: Wir haben auch über die *Ars moriendi*, die Kunst des Sterbens, gesprochen als eine Idealvorstellung. Sie konnte zwar im Mittelalter aufgrund des zahlreichen Sterbens in Pandemien und Kriegen nicht in dem Ausmaß realisiert werden. Aber zumindest gab es eine allgemeine Vorstellung davon, wie ich in einer Gemeinschaft nicht nur lebe, sondern auch sterbe. Vielleicht gehört es nun zu den Kennzeichen einer modernen Gesellschaft, dass sie uns auch in dieser Hinsicht Freiheit gibt. Sie lässt uns allerdings auch allein mit der Frage, was wir am Ende des Lebens wollen. Wir müssen das selbst kreieren. Und wir müssen die Gesellschaft selbst schaffen, in der wir leben wollen.

N: Traditionell waren es in der Menschheitsgeschichte sicherlich religiöse Antworten auf die Frage, wie wir mit diesem uns immanenten Ende umgehen. Auch da wiederum gibt es zwei Weltanschauungen. Die eine sieht den Menschen dual, es gibt Körper und Psyche, Körper und Geist. Die andere, und zu der würde ich tendieren, sieht eine dritte Komponente. Das ist die spirituelle, eine seelische Dimension.

B: Wie sie auch Platon ausgemacht hat.

N: Ja, die Seele. Damit wäre da noch etwas anderes, was uns ausmacht und definiert. Noch einmal: Es gibt natürlich auch die Vorstellung, der Mensch endet mit seiner körperlichen Existenz. Aber wenn wir über Sterben und Tod sprechen, schwingt oft diese andere Komponente mit, die uns vielleicht im Alltagsleben gar nicht so sehr betrifft, gerade in der heutigen Gesellschaft, wo Religion das Alltagsleben nicht mehr so erkennbar strukturiert, wie sie das über viele Jahrhunderte getan hat. Aber in diesem existenziellen Kontext stellt sich plötzlich die Frage: Was passiert eigentlich danach? Deswegen noch einmal: Was ist der Mensch?

B: Wenn du von drei Komponenten sprichst, wird mir klar, dass ich da eher dual denke. Der Körper ist das eine, Psyche und Seele sind das andere. Wenn ich sage, »meine Seele tut weh« oder »ich leide seelisch«, begreife ich Psyche und Seele als eins. Ich verwende die Begriffe synonym, und dabei schließe ich die Spiritualität mit ein.

N: Die moderne Medizin vertritt auch eine duale Sichtweise. Seit es die Möglichkeit gibt, Denkprozesse mit der modernen Bildgebung zu visualisieren, kann ich einen Menschen in den Kernspintomografen legen, um unterschiedliche Gehirnaktivitäten farblich darzustellen. Das Gerät weist dann nach, an welcher Stelle im Gehirn es aufflackert, wenn es uns gut geht, wenn wir Musik hören, wenn wir an schöne Dinge denken. Seither gibt es die Vorstellung, dass es nur die Aktivität dieser Hirnnervenkerne wäre, die menschliche Glücksgefühle auslöste. Ohne jegliche darüber hinausgehende seelische Struktur. Was sollte da auch sein, wenn man es nicht wahrnehmen kann? Solche Untersuchungen führen Psyche und Körper immer stärker zusammen. Auch die Entwicklung von Medikamenten, wie wir sie beispielsweise bei Depressionen einsetzen, geht in diese Richtung. Wir wissen heute, dass es sogenannte Neurotransmitter gibt, die bei bestimmten psychischen Erkrankungen fehlen und die man zu ersetzen versucht. Da ist man zwar bei vielen Erkrankungen noch nicht so besonders erfolgreich, aber das Ziel der Forschung ist klar. Sicherlich haben wir in den letzten dreißig Jahren viel darüber gelernt, wie das menschliche Gehirn funktioniert. Aber erklärt das wirklich die Gefühlswelt? Ich glaube nicht, dass sich alles auf diesen materiellen Kontext reduzieren lässt, sondern dass es durchaus widersprüchliche Gedanken und Emotionen gibt, die nicht durch die Aktivierung eines Hirnnervenkerns allein bedingt sind. Meine Wahrnehmung, was ich empfinde, wenn ich zum Beispiel etwas Schönes sehe, ist damit noch lange nicht erschöpfend erklärt. Auch deshalb finde ich diese Dreiteilung konsequent, selbst wenn wir meistens von einer Dualität ausgehen: Es gibt einen psychischen Körper in dem Sinne, dass ich psychisch reagiere und Emotionen habe, Traurigkeit zum Beispiel. Und es gibt darüber hinaus noch mal eine individuelle spirituelle Komponente. Aber das ist jetzt Metaphysik.

B: Das ist tatsächlich Metaphysik, du kannst es empirisch nicht beweisen. Aber es ist ja auch ganz gut, dass wir nicht alles ergründen können. Kennst du diesen wunderschönen Film *21 Gramm*? Darin geht es um Tod und Verzweiflung und die Frage, ob der Mensch eine Seele hat. Es ist eine Weile her, dass ich den Film gesehen habe, aber eine Botschaft hat mich sehr berührt: Wenn ein Mensch gerade verstorben ist, soll er 21 Gramm weniger wiegen als vor dem Tod. Damit wäre klar, dass da etwas ist, jenseits der körperlichen Existenz, und damit legt der Film die Antwort auf die vielleicht quälende Frage nahe: Bleibt etwas von uns, wenn wir gehen? Gibt es eine Seele, die weiterlebt? Wie gesagt: 21 Gramm.

N: Ich erlebe in Gesprächen mit Patientinnen und Patienten, dass es in dieser Hinsicht sehr unterschiedliche Vorstellungen gibt. Ich habe einen interessanten Passus von Karl Rahner gelesen, diesem bekannten katholischen Theologieprofessor. Die Schriftstellerin Luise Rinser schreibt ihm: »Ich wünsche mir im Paradies mit dir ein gemeinsames Zimmer.«

B: Vielleicht haben sie sich geliebt?

N: Ich glaube nicht, das war einfach eine enge Freundschaft. Jedenfalls schreibt er zurück: »Liebe Luise, das kommt mir ganz komisch vor. So eine Vorstellung habe ich gar nicht. Wenn ich ans Jenseits denke, erhoffe ich mir, dass ich mit meinem Herzen vor die Trinität falle.« Wobei Herz hier der übergeordnete Begriff für Seele ist. Seine Vorstellung ist, die Seele fällt vor Gott und geht damit in Gott auf. »Natürlich«, schreibt er weiter, »würde ich das gerne mit dir und anderen Freunden gemeinsam erleben.« Das Gemeinschaftserleben spielt also auch hier eine Rolle.

B: Allein möchte man dann lieber doch nicht sein, vor der Trinität.

N: Man kann an diesem Beispiel jedenfalls sehr gut sehen, was für unterschiedliche Bilder vom Jenseits es gibt selbst bei Menschen, die den Glauben daran teilen. Ich zum Beispiel bin immer etwas irritiert, wenn jemand sagt: »Ich möchte so vor den Herrgott treten, wie ich jetzt bin.« Ich finde das ein bisschen schlicht gedacht. Nicht im abwertenden Sinne, aber wir leben hier sechzig, siebzig, vielleicht auch achtzig Jahre, was ganz unterschiedliche Phasen sind. Würde ich da nicht vielleicht viel lieber als Zwanzigjähriger vor Gott stehen? Ich bin überzeugt, dass dieses Materielle deutlich zu trennen ist, die Seele hat mit dem Körper, in meiner Interpretation, nicht einmal mit der Psyche direkt zu tun. Das sind Ausprägungen, so sehe ich das jedenfalls. Aber man muss jedem selbst überlassen, was er sich für Vorstellungen macht, da ist die Bandbreite groß.

B: Diese Jenseitsvorstellung vom Aufgehen in einem großen Ganzen, wie du sie gerade für Karl Rahner beschrieben hast, ist im Grunde genommen nicht weit entfernt von der Vorstellung, ins Nirwana einzutreten und sich aufzulösen. Das ist eine schöne Vorstellung für diejenigen, die daran glauben. Spannend finde ich dabei die Frage, ob Menschen sich wirklich verabschieden können von dem Wunsch, dass etwas von ihnen bleibt. Es gibt dieses sehr berührende Buch *Unzertrennlich*, das Irvin D. Yalom und Marilyn Yalom gemeinsam geschrieben haben über ihr Kranksein und Sterben. Den Schluss des Buches schreibt der amerikanische Psychotherapeut dann allein, seine Frau Marilyn ist gegangen. Yalom ist ein zutiefst säkularer Mensch, trotzdem hält die Familie die jüdischen Riten für die Übergabe des Leibes an die Erde ein. Ich habe den Eindruck, so ganz loslassen kann er den Gedanken nicht, dass es da noch etwas gibt im Nachleben. Obwohl er sich immer wieder ermahnt, dass er lernen müsse, die Realität zu akzeptieren. Ganz lassen kann er von der Vorstellung nicht. Was also bleibt von einem Menschen, der geht? Bleibt man durch die Kinder, durch die Erinnerung von Freunden und Freundinnen? Hinterlasse ich Denkmäler, Bauten, Bücher? Ich glaube, die wenigsten können sich frei machen von der Hoffnung, dass etwas von ihnen bleiben möge, das überdauert. Selbst wenn sie nicht der Vorstellung anhängen, dass etwas von ihnen selbst weiterlebt.

N: Es gibt da etwas, das ich als die Empirie des Glaubens bezeichnen würde. Viele Menschen machen die Erfahrung, dass es unerklärliche, vielleicht nicht näher zu fassende Gedanken und Emotionen gibt, über die sie in Beziehung zu ihren Verstorbenen treten. Manchmal wird das in Träumen plastisch, manchmal in konkreten Erlebnissen, von denen die Menschen dann berichten. Man könnte nun natürlich sagen, es handelt sich um Halluzinationen. Aber ich nehme das einfach mal nicht als Fantasie, sondern als erfahrungsbasierte Beschreibung der Beziehung von Menschen zu ihren Toten. Gerade wenn Menschen in einer engen Partnerschaft gelebt haben, wenn sie gemeinsam einen weiten Weg gegangen sind, bleibt da ein Band. Eine Beziehung. Ob diese nun ein Stück Erinnerung ist oder ob sie eine konkrete, wie auch immer geartete, für uns nicht erkennbare energetische Struktur hat, bleibt offen. Ich glaube ohnehin, dass in unserer Erklärungswelt vieles offenbleiben muss. Deshalb halte ich es für wichtig, dass wir uns immer wieder von diesem Erfahrungsschatz berichten. Gerade in unserem Buch gilt es, das erkennbar zu machen. Und es nicht als irgendeine Fantasie abzuwerten. Denn diese Verbindung zu nahestehenden Verstorbenen ist Teil einer Lebensrealität. Es gibt viele Menschen, die das so erleben.

B: Vielleicht ist das auch Teil eines Menschenbildes, das besagt, dass jeder Mensch wichtig ist. Jeder Mensch, der stirbt, hat es verdient, dass man sich an ihn erinnert. Natürlich gibt es Menschen, die Furchtbares angerichtet haben, an die erinnert man sich vor allem wegen ihrer Furchtbarkeit. Aber zu meinem Ideal gehört es, dass ein Mensch nicht einfach so gehen und verschwinden soll, sondern es verdient hat, erinnert zu werden. Sei es, weil ich daran glaube, dass es etwas gibt, das bleibt, überzeitlich, transzendent. Sei es, dass etwas in Erinnerung bleibt, weil der Mensch auf dieser Erde Spuren hinterlassen hat. Das ist zumindest eine verbreitete Auffassung, wie wir sie in unserem Denken herausgebildet haben. Einerseits bestimmt von der Religion, andererseits aber auch von der Aufklärung, vielleicht schon von der Renaissance, die angefangen hat, die Klassik neu zu adaptieren und die Religion kritisch zu hinterfragen, indem sie das Individuum in den Mittelpunkt stellt. Damit trennt sie den Einzelnen von der Gemeinschaft.

N: Da wären wir wieder an unserem Ausgangspunkt vom Menschen als sozialem Wesen. Denn natürlich ist die Erinnerung an jemanden, die Wahrnehmung nach seinem Tod, Teil seiner sozialen Identität: Als Individuum ist er ja nicht mehr da. Wobei die Grenze unseres menschlichen Vorstellungsvermögens vor allem darin besteht, dass wir immer in Zeit und Raum denken. Charakteristisch für das Jenseits ist es hingegen, dass Zeit und Raum aufgehoben sind. Du hast vom Nirwana gesprochen, in dem man verschwindet, aber auch in allen anderen Vorstellungen gilt, egal, wie wir es drehen und wenden, egal wie wir es formulieren: Wir hängen immer an Raum und Zeit, an diesen zwei Konzepten, in denen wir denken. Nun kann die Erinnerung verblassen, irgendwann. Muss das jedoch heißen, dass damit endet, was ich mal war oder was ich als Seele vielleicht auch im Jenseits bin? Nur, weil sich niemand mehr daran erinnert? Aus meiner Sicht ist die Epigenetik ein guter Hinweis darauf, dass sich unter Umständen auch über mein Dasein hinaus für den Menschen nicht erkennbare Entwicklungen dauerhaft etablieren. Das ist die eine

Seite. Auf der anderen Seite steht die Frage, an der sich die Projektionen von Jenseitsvorstellungen stark unterscheiden: Ist im Jenseits noch etwas Individuelles von mir relevant, oder gehe ich in einem großen Ganzen auf? Da, glaube ich, muss sich jeder selbst überlegen, was seine Sicht der Dinge ist. Wenn Menschen zum Beispiel eingeäschert werden möchten, damit man ihre Asche ins Meer streut: Spiegelt das auch eine entsprechende Jenseitsvorstellung wider? Ist das gekoppelt an die Überzeugung, dass man sich auflöst, ohne dass individuelle Spuren bleiben? Oder ist das meine Form der Partizipation am großen Ganzen im Jenseits? Ich finde es wichtig, sich über Fragen wie diese auszutauschen. Denn der Blick auf den Tod ist immer zugleich ein Blick auf meine ganz persönliche Antwort auf die Frage: Warum bin ich eigentlich?

B: Ja: Warum bin ich?

N: Die Sinnfrage des Lebens, die uns alle irgendwann mal umtreibt, ist immer schon eine indirekte Vorbereitung auf die spätere Auseinandersetzung mit dem eigenen Sterben.

B: Weil es dann auch um die Frage geht: Für was möchte ich gelebt haben? Wir haben über einen bewussten Sterbeprozess gesprochen und das Ideal, in Frieden gehen zu können oder zumindest zufrieden auf das Leben zurückblicken zu können. Man kann das nicht alles über einen Leisten schlagen. Man kann zum Beispiel auch einverstanden sein zu gehen, weil etwas nicht mehr gut war. Man kann aber auch einverstanden sein zu gehen, weil etwas abgeschlossen und richtig gewesen ist. Aber es geht immer um die Fragen: Wie will ich gelebt haben, was soll mein Leben ausgemacht haben? Bin ich jemand, der eher für sich sein will? Bin ich jemand, der in Gemeinschaft lebt? Wie individualistisch bin ich, wie sozial?

N: Wir haben schon über die Warum-Fragen zum Ende des Lebens gesprochen. Ich finde, man darf diese Fragen nicht stellen, ohne die Warum-Frage zu Beginn des Lebens gestellt zu haben. In aller Regel passiert das in der Pubertät. Wir kennen alle diese schwierigen Auseinandersetzungen, von uns selbst, von den eigenen Kindern, von Geschwistern, die mit sich hadern.

B: Oh ja, auch immer mal wieder zwischendrin!

N: Heute wird Goethes *Die Leiden des jungen Werther* vermutlich nicht mehr in der Schule gelesen. Aber dieses Verzweifeln an sich selbst, dieses Ringen, wo gehöre ich hin, warum bin ich, wer bin ich – damit beginnt eine Auseinandersetzung, in der es Antworten zu finden gilt. Dazu gehören die Fragen, die du eben gestellt hast: Bin ich ein eher sozialer Typ, bin ich jemand, der lieber für sich allein ist? Aber auch die Frage: Warum bin ich überhaupt?

B: Das ist die allerschwierigste Frage. Ich habe sie mir in Phasen meines Lebens immer wieder gestellt, wenn ich an Übergängen stand, natürlich in der Pubertät oder als ich mich entschieden habe, meinen Ausbildungsberuf aufzugeben und zu studieren. Und auch als Frank Bundespräsident wurde und es darum ging, ob ich meinen vertrauten Berufsalltag verlasse und eine öffentliche Person werde. Manchmal macht mir diese Frage nach dem Sinn auch Angst, weil ich sie nicht abschließend beantworten kann. Allerdings habe ich festgestellt, dass es für mich wirklich Beziehungen sind, die den Sinn des Lebens ausmachen. Die Beziehung zu anderen Menschen, die Beziehungen in einer Gemeinschaft, vielleicht auch meine Gerechtigkeitsvorstellungen. Schließlich hat Gerechtigkeit viel damit zu tun, wie ich zu anderen Menschen stehe und wie ich mich in die Gesellschaft einbringen will. Vielleicht ist damit auch die Frage verbunden, in was für einer Welt ich leben möchte und was ich zu tun bereit bin, damit sie so wird, wie ich sie mir wünsche. Die großen Fragen »Was bin ich? Wo will ich hin? Was will ich erreichen?« sind die wichtigsten im Leben, und du hast natürlich recht: Ich finde auch, man sollte sie sich nicht erst stellen, wenn es ans Ende geht.

N: Ich glaube ja, man stellt sich diese Fragen interessanterweise in Entwicklungsphasen, in denen man sich als eigenständig, aber auch als ein bisschen verloren wahrnimmt. Wie du richtig sagst: Man stellt sie sich immer mal wieder. Ich habe für mich eine Antwort gefunden, die vielleicht ein bisschen biologistisch ist. Aber ich bin so veranlagt. Jedenfalls bin ich keiner, der davon überzeugt wäre, dass es ein großes Schicksalsgefüge gäbe, das schon vor 2000 Jahren vorausgesehen hat, dass ich eines Tages geboren werde und alles irgendeine Bedeutung hat.

B: Das wäre dann auch eine gewisse Hybris!

N: Wieso? Könnte schließlich für alle Menschen gelten …

B: Na gut, wenn du sagst, für alle …

N: Mir ist zumindest mit Mitte zwanzig klar geworden: Mit dieser Vorstellung von einem großen Ganzen, in dem jeder nur ein kleines Zahnrädchen ist und dadurch weitgehend vorgezeichnet wird, wie dein Leben verlaufen soll, kann ich nichts anfangen. Gewisse Fragen kann man sich mit diesem Modell auch gar nicht erklären: Warum bin ich in Europa geboren? Warum in Deutschland? Warum außerhalb von Kriegszeiten?

B: Das ist die Realität.

N: Diese Fragen werden oft in so einen Schicksalskontext eingebettet. Das aber ist mir fremd, weil es den Menschen in seiner Handlungsfähigkeit einschränkt, in seinen Möglichkeiten, den eigenen Weg zu gestalten. Und weil ich mich nicht damit abfinden konnte, dass alles vorgezeichnet sein soll, habe ich für mich die Schlussfolgerung gezogen: Ich bin Ausdruck der Liebe meiner Eltern. Biologisch betrachtet ist das die Konsequenz, und ganz praktisch bin ich damit Angehöriger einer nächsten Generation, also Teil eines sich replizierenden Systems, wobei man die Frage nach dem Unendlichen offenlassen muss. Aber diese Begründung war für mich die Antwort, damit konnte ich mich abfinden.

B: Abfinden oder anfreunden?

N: Anfreunden passt tatsächlich noch besser. Weil mein eigenes Dasein nach dieser Logik nicht zufällig ist, sondern einen Sinn ergibt und mit einem Ziel verbunden ist, während es trotzdem in meiner Freiheit liegt zu entscheiden, wo mich dieses Ziel am Ende hinführt.

B: Also ich weiß nicht, ob ich so denke, dass ich mit einem Ziel geboren bin. Dass ich Ausdruck einer Liebe bin, davon gehe auch ich aus. Meine Geschwister und ich, wir sind aus einer Beziehung entstanden, die in Liebe gegründet worden ist. Deshalb sind wir da. Wie du halte ich die Vorstellung von einem vorbestimmten Leben für gar nicht überzeugend. Ich kann das auch mit keiner Glaubensvorstellung in Einklang bringen. Selbst wenn wir von einem Gott kommen, hat er uns den Geist geschenkt, den Willen und die Möglichkeit, frei zu entscheiden, wo wir hinwollen. Das ist für mich eine *Conditio sine qua non*: Ich kann entscheiden, wie mein Leben aussehen soll. Diese Verantwortung übertrage ich weder auf die Umstände noch auf sonst etwas. Tatsächlich gibt es manchmal Umstände, an denen man nichts ändern kann. Und mir ist bewusst, wie sehr meine Haltung darauf gründet, dass ich in einem friedlichen und demokratischen Land geboren und aufgewachsen bin und alle Chancen hatte. Außerdem ist mein Menschenbild geprägt von der Idee, dass ich nicht allein bin in der Welt, sondern Verantwortung für andere trage.

N: Diesem Gedanken kann ich mich gut anschließen. Die Daseinsfrage ist beantwortet, weil es eine Historie gibt, aus der heraus man entstanden ist und die sich in unserer Existenz zum Ausdruck bringt. Ich würde gerne noch einmal auf Freud zurückkommen: In seiner Betrachtung der Entwicklung des Menschen hin zu einem vollkommeneren Wesen war die Verabschiedung der Religion ein wichtiger Schritt. Für Freud ist das Individuum erst vollkommen in dem Moment, in dem es sich frei macht von allen religiösen Grundkonnotationen unserer Kultur. Um stattdessen ganz in der Erfahrung der erkennbaren Wahrheiten aufzugehen. Was heißt das? Die Wissenschaft löst die Religion ab. Nun haben wir im Zusammenhang mit Corona davon gesprochen, dass die Religion bei der Beantwortung der Sinnfrage immer weiter in den Hintergrund gerückt ist, während die Wissenschaft an Bedeutung gewonnen hat. Als Freudkenner habe ich jetzt gedacht: So ganz unrecht hatte er mit seiner Prognose doch nicht. Ich hätte mir nie vorstellen können, dass sich mal eine Rivalität zwischen Religion und Wissenschaft abzeichnet. So kam es mir jedenfalls manchmal vor. Abgesehen davon, dass Religion Wissenschaft auch behindert hat. Das war natürlich ein Kritikpunkt Freuds an der Religion: dass man keine Fragen stellen durfte und mit Verboten reagiert wurde, anstatt die Erkenntnissuche der Wissenschaft als übergeordneten Auftrag zu verstehen. Dabei betrachte ich die menschliche Erkenntnissuche als einen Auftrag, der, jedenfalls in meiner Interpretation, von Gott gewollt ist. Dabei definiere ich mich als freien Menschen, weil ich die Möglichkeit habe, Wege zu gehen, die bis dahin nicht beschritten worden sind.

B: Wissenschaft und Religion wurden aber historisch meistens als Gegensätze begriffen.

N: Genau. Deshalb ist es kein Wunder, dass es in der freudschen Interpretation unseres Daseins darum geht, uns von religiösen Vorstellungen zu befreien. Denn, das muss man immer wieder dazusagen, oftmals sind religiöse Vorstellungen ein Ausdruck von Angst. Stattdessen gibt die Wissenschaft uns Antworten und Orientierung, so, wie das in der Pandemie noch einmal sichtbar geworden ist. Ich bin trotzdem nicht überzeugt, dass das die Antworten sind, die wir an dieser Stelle brauchen. Denn wir haben es im Leben immer mit Gefahren und Risiken zu tun. Manche davon kommen einfach auf uns zu und bringen uns zurück zu unserem Thema: Erkrankungssituationen, Sterben, Tod.

B: Wir können diese Gefahren auch nicht vorhersehen.

N: Wenn ich zum Beispiel jemandem einen schönen Tag wünsche, wünsche ich ihm oft auch noch Gottes Segen dazu.

Nicht, weil ich glauben würde, Gott sitzt da irgendwo und guckt, was passiert. Für mich ist dieser Wunsch Ausdruck davon, dass es in unserem Leben eine Realität gibt, die wir nicht beeinflussen können. Es gehört in unsere Realität, dass Dinge passieren, von denen wir nicht wissen, wie und wann sie geschehen. Aber meine Vorstellung von einem Eingebundensein in ein größeres Ganzes hilft mir, das zu akzeptieren, und das ist etwas, das ich wirklich innerlich tief empfinde.

B: Wir können den Umstand nicht abwenden, dass unsere körperliche Existenz endet. Und wir wissen weder, wann es so weit ist, noch, wie der Weg dorthin sein wird. Wir können uns aber vorstellen, wie wir diesen Weg gerne gehen würden, und diese Frage wiederum hängt mit unserem Menschenbild zusammen. Dabei geht es auch um Dinge, die wir miteinander besprochen haben, die Frage der Autonomie beispielsweise, von Selbstbestimmung im Sterben. Kann ich, wenn ich etwas nicht planen kann, trotzdem ein Stück vorbereitet sein? Es hängt mit meinem Menschenbild zusammen, ob ich das einfach auf mich zukommen lasse in dem Vertrauen darauf, dass ich begleitet bin, dass ich gut aufgehoben bin, dass ich auch im Sterben noch ein gutes Leben habe. Oder ob ich das gar nicht will, weil ich den Sterbeprozess nicht erleben möchte und dann gehen will, wenn ich den Zeitpunkt für richtig halte.

N: Ich erlebe es in unserer Gesellschaft so, dass es ein grundsätzliches Sichabfinden mit der Endlichkeit des Daseins nicht gibt. Deshalb ist es so wichtig, sich die Frage nach dem Sinn zu stellen und sie vielleicht auch mit anderen zu diskutieren, bevor wir die letzte Strecke gehen. Wie gesagt, Religionen sind entstanden, weil der Mensch sich seiner eigenen Endlichkeit bewusst wird. Im christlichen Glauben ist die

Überwindung des Todes eine zentrale Botschaft. Im Islam ist das ähnlich, Buddhismus und Hinduismus finden andere Antworten. Aber die Religion integriert das Sterben und die Endlichkeit in das Leben. Heute müssen wir oft individuell Wege finden, mit unserer Endlichkeit zurechtzukommen, und das geht meiner Überzeugung nach nur, wenn ich vorher andere Fragen beantwortet habe. Wenn ich eine eigene Position habe. Ich thematisiere das regelmäßig in der medizinischen Ausbildung. Wenn ich meine Studierenden frage, ob sie ein Menschenbild haben, zucken die meisten nur ein bisschen mit den Schultern. Viele wissen gar nicht, was das sein soll. »Da habe ich mir noch keine Gedanken zu gemacht«, heißt es dann. Bei der Frage nach den Gründen für unsere Existenz allerdings wachen dann manche auf, und als Quintessenz sage ich immer: »Ihr müsst im Studium kein Menschenbild annehmen, das euch nicht entspricht. Ihr könnt nur nicht rausgehen aus dem Studium der Medizin, ohne euch ein eigenes Bild vom Menschen gemacht zu haben.« Das ist für mich wichtig, das muss das Studium vermitteln. Das kann sich dann alles im Lauf des Lebens durch Erfahrungen noch ändern, aber ich brauche eine Position, ich muss so weit reflektiert sein, dass ich Fragen nicht unbeantwortet lasse, weil ich keine eigene Position habe.

B: Das gilt auch für Juristinnen und Juristen. Ich brauche als Richterin ein Bild vom Menschen, bevor ich anfange zu richten. Schließlich haben wir es immer mit Menschen zu tun. Genau deshalb muss ich ein Bild vom Menschen haben, eine Vorstellung von seinen Bedürfnissen, aber auch von der Achtung, die ihm gebührt. Selbst wenn ich die Positionen einer Person juristisch nicht teile, begegne ich ihr respektvoll und achte sie immer auch als Mensch.

N: Auf so einer Basis kann man dann auch anderen Hilfestellung geben. Denn erst wenn ich ein Bild vom Menschen habe, kann ich in Resonanz treten. Aus dieser Verbindung zwischen dem Menschen als Individuum und dem Menschen als sozialem Wesen entsteht die Chance, gemeinsam die Fragen der Endlichkeit zu beantworten. Wir haben schon an anderer Stelle darüber gesprochen, dass diese Endlichkeit gerade in der Medizin, mitunter aber auch darüber hinaus, als Manko, als Beschränkung, vielleicht sogar als Versagen empfunden wird. Dementsprechend wird intensiv daran gearbeitet, sie zu überwinden. Ich nehme das mit einiger Irritation wahr.

B: Du meinst, die Medizin arbeitet daran, die Sterblichkeit zu überwinden?

N: Das ist eine interessante Diskussion: Wenn die Medizin sich so entwickeln würde, dass wir alle Krankheiten behandeln könnten – wäre der Mensch nicht mehr sterblich? Auch da gibt es unterschiedliche Denkschulen. Ich persönlich bin fest davon überzeugt, dass es schon biologisch betrachtet kein unsterbliches Leben geben kann, weil unsere Zellstrukturen, die Charakteristika unseres Genoms, das nicht hergeben.

B: Wir bleiben sterblich.

N: Da ist nichts zu holen, genau. Trotzdem bleibt es das Ziel der Medizin, Leid zu vermeiden. Aber es ist ein Unterschied, ob ich den Tod vermeiden will oder das Leiden hin zum Tod. Kulturgeschichtlich wissen wir: Es ist vor allem das Leiden, das den Menschen ängstigt, weniger der Tod. Auch die Frage des Suizids oder der Beihilfe dazu begründet sich meistens aus der Angst vor dem Leid – weniger aus der Angst zu sterben. Insofern sollte sich die Medizin darauf konzentrieren, Krankheiten zu behandeln und das damit verbundene Leiden zu minimieren. Aber die Vorstellung, die von einigen Genetikern geäußert wurde, man könnte die Sterblichkeit drastisch nach hinten verschieben, halte ich für irrational. In der Vorstellung wird Altern zur Krankheit. Wenn wir alle Krankheiten heilen könnten, würden wir dann an Altersschwäche sterben? Meine Antwort wäre: Ja, das würden wir. Interessanterweise gibt es den Begriff aber nicht auf dem Totenschein. Selbst bei einer 105-Jährigen darf die Todesursache nicht Altersschwäche lauten, da muss irgendeine Diagnose stehen. Als könne es nicht sein, dass das Leben einfach so endet.

B: Herzstillstand. Am Ende ist immer das die Ursache: Unser Herz bleibt stehen.

N: Ich sehe das so: Es geht nicht darum, diese Endlichkeit zu überwinden. Es geht darum, den Weg bis dahin gut zu gehen.

B: Wir – als Einzelne und als Gesellschaft – müssen stärker akzeptieren, dass wir endlich sind. Erst dann werden wir unseren Weg selbstbestimmt und in Geborgenheit gehen können.

VI.

»Es gilt, den Tod als Teil des Lebens zu begreifen.« – ein Nachwort

B: Wie geht es uns jetzt – nach unseren Gesprächen? Was nimmst du daraus mit, was bleibt?

N: Mich hat von Anfang an die Frage bewegt, ob wir uns darauf vorbereiten können, dass es eines Tages dem Ende zugeht. Und wie das am besten geht.

B: Und?

N: Die Arbeit an unserem Buch hat etwas verändert: Ich habe mir tatsächlich sehr viel intensiver Gedanken über mein eigenes Begrenztsein gemacht – auf ganz unterschiedlichen Ebenen. Kürzlich zum Beispiel haben wir einen neuen Studiengang an der Fakultät beschlossen, den ich initiiert hatte, und ich dachte zum ersten Mal: Ich werde jetzt vielleicht noch acht oder zehn Jahrgänge selbst begleiten können und muss mir überlegen, wem ich das später übergeben kann.

B: Du meinst, wem du eines Tages den Staffelstab übergibst, wer deine Arbeit künftig fortsetzen kann?

N: So ist es. Ich habe etwas Neues gegründet, aber schon im Moment der Gründung ging es für mich um die Übergabe, jedenfalls was meine persönliche Rolle betrifft. Wahrzunehmen, dass meine Perspektive immer eine begrenzte sein wird – das ist, glaube ich, erst durch unser Gespräch entstanden. Das war nicht ganz einfach. Einen anderen Punkt hingegen habe ich als durchweg positiv empfunden.

B: Nämlich?

N: Ich habe neulich schon erzählt, dass ich mal wieder auf dem Friedhof war. Inzwischen war ich noch zwei, drei weitere Male dort. Ich habe den Friedhof auf mich wirken lassen und mich gefragt: Warum bin ich hierhergekommen? Die Antwort war: Natürlich, weil ich über unser Gespräch nachgedacht habe, über die Bedeutung des Friedhofs. Aber plötzlich dachte ich auch: Weil ich einen Platz für mich finden möchte. Das hatte ich mir noch nie überlegt. Darüber hatte ich mir noch nie Gedanken gemacht: Wo komme ich zu liegen?

B: Dabei gibt es ja im Grunde genommen schon einen Ort: Durch eure Kinder habt ihr einen Ort, an den auch ihr gehört.

N: Ja, ich war genau dort und habe gemerkt, es geht mir um den Blick. Das hat etwas mit Vorstellungen von dem zu tun, was nach dem Tod kommt. Das ist ein Punkt, den wir auch angesprochen haben. Ich habe mir also überlegt: Wie ist der Blick für mich, wenn ich liege? Aber auch: Wo schauen diejenigen hin, die an mein Grab kommen? Und ich habe einen ganz wunderbaren Platz entdeckt. Daraufhin habe ich beim Friedhofsamt angerufen und gefragt, ob der Platz noch frei ist.

B: Oh! Das hast du gemacht? Hast du vorher mit Anne gesprochen?

N: Natürlich. Wir waren zusammen da.

B: Also, solche konkreten Folgen hat unser Gespräch für mich noch nicht gehabt!

N: Ich habe einen wirklich schönen Platz gefunden! Zu einer Seite blicke ich auf eine alte Glocke, auf der anderen Seite ist ein Feld. Also nicht: Ich schaue. Man schaut. Aber der Blick auf dieses Feld ist offen. Das finde ich schön.

B: Das ist wirklich schön.

N: Ich weiß noch nicht, was dabei herauskommt, das Friedhofsamt prüft das jetzt. Aber wenn es klappt, könnten wir dort ein Familiengrab einrichten, für uns alle, Kinder, Eltern, Großeltern …

B: Ich weiß gar nicht, ob wir bei uns im Dorf die Grabstellen so frei aussuchen können.

N: Jedenfalls habe ich mich nach dem Anruf richtig gefreut. Ich hatte das Gefühl, ich habe jetzt einen Platz.

B: Das klingt sehr gut.

N: Und bei dir?

B: Ich fühle mich ruhiger, gelassener. Ich bin mir noch nicht ganz im Klaren darüber, aber ich habe den Eindruck, das kommt von der Arbeit an diesem Buch und ist ein Ergebnis unserer Gespräche. Ich schaue noch klarer auf mein Leben und weiß, ich möchte es nutzen. Gleichzeitig fühle ich mich nicht so gehetzt wie manches Mal zuvor. Ich habe ja davon erzählt, wie mich das geprägt hat, als meine Nieren versagten, oder die Erfahrung der Transplantation. Ich habe seitdem dieses unbedingte Bedürfnis, den Tag zu nutzen und bleiben zu lassen, was mir nicht notwendig erscheint. Ich bin entschiedener geworden und ziehe Dinge, die mir wichtig sind, wirklich durch. Aber das hat auch zu einer Gehetztheit geführt. Die war immer da, vielleicht aus dem unmittelbaren Gefühl heraus, das Leben ist doch sehr, sehr endlich. Als wir uns jetzt davon erzählt haben, was wir wichtig finden im Zusammenhang mit Ritualen, mit unseren Begegnungen auf dem Friedhof, mit unseren Lieben, habe ich gemerkt, dass ich eigentlich ganz beruhigt sein kann. Denn ich bin mir schon ziemlich sicher, dass ich so lebe, wie ich es für richtig halte. Natürlich nicht immer und in allen Einzelheiten. Es gibt Situationen, in denen ich mich über mich selbst oder andere ärgere oder im Nachhinein denke, dass etwas völlig unnötig war. Aber im Großen und Ganzen fühle ich, dass ich mit dem, was ich tue, einverstanden bin. Unsere Gespräche über das Sterben und den Tod haben mir noch klarer gemacht, was das Leben für mich bedeutet. Ich muss sagen, ich habe ganz viel gelernt.

N: Du auch?

B: Ja, zum Beispiel habe ich gelernt, den Tod aus der Perspektive eines Arztes zu betrachten. Darüber hatte ich, ehrlich gesagt, noch nie so intensiv nachgedacht. Da war ich als Patientin doch relativ egoistisch: Schaut auf mich!

N: Das ist aber in Ordnung.

B: Spannend fand ich auch unser Kapitel über die Menschenbilder. Meine Schulausbildung war von wichtigen Umwegen geprägt. Den klassischen Kanon habe ich erst später mitbekommen. Jetzt so zurückzuschauen, woher kommen wir, was steckt in uns über Generationen, über Jahrtausende – das hat mir gut gefallen.

N: Ich weiß nicht, ob ich für mich sagen könnte, dass ich ruhiger geworden bin. Mich haben unsere Gespräche eher aufgewühlt. In mir ist viel hochgekommen von dem, was ich vermeintlich verarbeitet hatte. Verluste und innere Traurigkeit lassen sich eben nicht wirklich auflösen. Es gibt diesen Satz: Die Zeit heilt alle Wunden. Aber es gibt Wunden, die bleiben. Sie sind Teil deines Lebens. Das Leben ist ein Körper, der Wunden trägt. Sosehr man das gern vermeiden möchte, so wenig lässt es sich verhindern. Diese Wunden dann aber nicht zu überdecken, sondern sie wahr- und anzunehmen ... darum geht es. Wie zum Beispiel bei meinen jüngsten Besuchen auf dem Friedhof. Das hieß auch, ein Stück zurückzutreten in eine Zeit, da die Wunde klaffte und schmerzte, und sich das alles noch einmal zu vergegenwärtigen. Um aber auch zu sehen, wie sich vieles verändert hat. Die Wunde ist noch da. Aber ich kann und darf und muss sie integrieren. Denn nur, wenn ich sie integriere, kann ich mich auf mein eigenes Begrenztsein wirklich einlassen.

B: So kam es, dass du beim Friedhofsamt angerufen hast?

N: Das ist tatsächlich der Grund, warum ich jetzt einen Platz gesucht habe. Mir wurde nämlich klar, dass ich mir eine Bank wünsche. Wir haben ja über Ohlsdorf gesprochen, und dann ist mir noch ein anderer interessanter Friedhof wieder in den Sinn gekommen, der Johannisfriedhof in Nürnberg.

Das ist ein mit Ohlsdorf vergleichbar schöner Ort mit einer ähnlichen Geschichte. Darüber ist bei mir dieses Bild entstanden von einer Bank, um bei den Verstorbenen zu verweilen und Zeit zu verbringen. Natürlich wünscht man sich da einen schönen Blick. Ich möchte ins Weite schauen. Also habe ich gedacht, ich muss sehen, wo ich meine Bank gern hinstellen würde.

B: Ich war auch wieder auf Friedhöfen. Ich habe meinen Schwiegervater besucht und meine Eltern, auf dem Friedhof in meiner Heimat. Da hat man überall einen schönen Blick, weil die Landschaft ein bisschen hügelig ist. Außerdem habe ich einen Freund auf einem Kirchhof besucht. Der liegt mittendrin: Auf der einen Seite ist ein Tennisplatz, auf der anderen eine Kita. Das, glaube ich, würde mir auch gefallen.

N: Weil es so integriert ist?

B: Ja. Der Friedhof liegt eben nicht am Rand. Darüber haben wir auch gesprochen. Das hallt alles in mir nach.

N: Was bewegt dich?

B: Da ist die Trauer um den Tod meiner Eltern. Ich habe erzählt von der Wut auf die Krankheit meiner Mutter. Ähnlich wie bei dir ist das eine Wunde, die sich nie ganz schließt, sondern die immer mal wieder aufgeht und wehtut. Sie ist eben da. Ich habe inzwischen akzeptiert, dass ich diese Wunde habe. Sie wird mich begleiten. Bei meinem Vater ist die Trauer über seinen Tod oder sein Nichtmehrdasein anders. Ich vermisse unsere alltäglichen Gespräche. Und dann ist da die große Frage, wie ich mir mein Sterben vorstelle, wie ich reingehen möchte in meinen Tod – unser Kapitel über Selbstbestimmung. Da sind wir uns nicht einig: Du aus deiner Perspektive als Arzt, aber auch als Christ, und mich beschäftigt die verfassungsrechtliche Dimension sehr. Lässt sich aus den Grundrechten ein Recht ableiten, dass der Mensch Hilfe zur Selbsttötung in Anspruch nehmen kann? Diese Frage lässt mich auch deshalb nicht los, weil Selbsttötung in der Regel einen großen Schmerz für die Angehörigen mit sich bringt. Lässt sich dem die Selbstbestimmung entgegenstellen? Die Herausforderung ist, hier als Gesellschaft eine Lösung zu finden, ohne unsere Humanität zu riskieren. Vor allem: ohne in eine Routine zu verfallen. Denn da waren wir uns einig: Das wollen wir auf gar keinen Fall. Die gesamte Diskussion über die Sterbehilfe ist hochpolitisch. Sie betrifft die Gesellschaft als Ganzes. Ich würde mir daher wünschen, dass wir uns als Gesellschaft mit diesem Thema noch einmal neu auseinandersetzen.

N: Das steht an. Der neue Deutsche Bundestag muss sich sicher Gedanken dazu machen, wie und in welcher Art und Weise er das regeln wird. Dabei geht es nicht allein um eine juristisch-politische Entscheidung. Schon damals – bei der Diskussion um den Paragrafen 217 – wurden so viele Gedanken und Perspektiven zusammengebracht, um sie in ein Gesetzeswerk zu gießen. Aber siehe da, das Bundesverfassungsgericht fand die Umsetzung nicht adäquat. Ich vertrete in dieser Sache zwar eine andere Meinung als du. Aber mir hat unser Gespräch vor Augen geführt, wie schwierig es ist, für eine jeweilige individuelle Situation einen übergeordneten, allgemein verbindlichen Rahmen zu finden.

B: Das denke ich auch.

N: Dabei tut Gesetzgebung genau das. Ich war zunächst überrascht über die Klarheit, mit der du die Position der Karlsruher Richter begründet und nachvollzogen hast. Aus meinem Ärger über die Entscheidung heraus hatte ich gedacht, daraus spricht so eine gewisse Arroganz der Jurisprudenz, unser Leben regeln zu wollen, auch in Bereichen, in denen man es eigentlich gar nicht regeln kann. Aber durch deine Haltung habe ich begriffen, dass man diese Bemühungen auch anders interpretieren kann, durch dich habe ich die Juristen ein bisschen besser verstanden.

B: Das muss man sich wirklich klarmachen: Das Bundesverfassungsgericht hat einzig darüber entschieden, ob das, was der Gesetzgeber geregelt hat, mit den Grundrechten übereinstimmt. Das Urteil hat die Basis freigelegt, auf der der Gesetzgeber dann handeln kann und darf. Das ist aber wieder eine neue Auseinandersetzung, und da bin ich ganz bei dir: Es wird einer ungeheuren Anstrengung bedürfen, in dieser Frage ein Übereinkommen zu finden. Ich habe mich deshalb auch kritisch mit mir selbst und meiner Position auseinandergesetzt und mich gefragt: Bin ich an dieser Stelle zu hart? Argumentiere ich zu sehr aus der Sicht der Juristin? Fehlt es mir an Empathie? Aber ich glaube, für mich stimmt das so. Schließlich gehe ich von dem Menschenbild aus, das unsere Verfassung zugrunde legt. Jetzt kommt es darauf an, dass wir uns noch einmal neu darüber verständigen, wie der Mensch in seiner Individualität in unsere Gesellschaft eingebettet ist. Im Grunde genommen geht es in diesem Urteil nämlich genau darum: um den individuellen Menschen mit seinen Entscheidungen, der in eine Gesellschaft eingebettet ist, die wiederum Verantwortung trägt – für den Einzelnen und für sich als Ganzes.

N: Das ist interessant. Du sagst, die Verfassung legt ein Menschenbild zugrunde. Ich würde immer sagen, der Verfassung liegt ein Menschenbild zugrunde. Die Idee der Selbstbestimmung geht mit sehr viel Verantwortung einher, gerade wenn man kein materialistisches Menschenbild hat, sondern annimmt, dass der Mensch ein von etwas Höherem begründetes Wesen ist. Verantwortung zu tragen setzt aber immer voraus, dass man sich ausreichend Gedanken machen und sich orientieren konnte. Die Quintessenz unseres Gesprächs wäre dann: Vor einer erneuten Regulierung der Förderung der Selbsttötung brauchen wir eine ausreichende gesellschaftliche Diskussion. Hinzu kommt, dass die Menschen nur so überhaupt in der Lage sein werden, selbstbestimmt entscheiden zu können. Man muss sich vorher ein Bild von sich machen und über die eigene Endlichkeit reflektieren, anstatt nur aus einer Angst heraus den Wunsch zu formulieren, dass man sein Sterben nicht erleben möchte. Es gilt, den Tod im positiven Sinn als Teil des Lebens zu begreifen und zu integrieren. Das liegt mir sehr am Herzen.

B: Letztlich spiegelt das eine große gesellschaftliche Frage: Die Demokratie setzt voraus, dass in ihr Menschen leben, die informiert und im besten Sinne des Wortes aufgeklärt sind, um für sich und die Allgemeinheit Verantwortung übernehmen zu können. Dieses Wechselspiel von Einzelnen und Gemeinschaft gilt bis in den Tod hinein, das haben unsere Gespräche gezeigt: Selbst wenn wir ganz allein sterben, hat das Auswirkungen auf die Gesellschaft. Es ist mir wichtig, das deutlich zu machen. Der Einzelne ist eingebettet in die Gesellschaft, und alles, was ihm oder ihr widerfährt, widerfährt auch der Gesellschaft. Damit müssen wir leben, damit werden wir auch sterben. Schließlich, da wiederhole ich mich, ist Sprechen und Nachdenken über den Tod immer vor allem ein Nachdenken über das Leben.

N: Ja, weil es eine andere Sichtweise eröffnet. Das passt zu meinem Bild von dieser Bank mit dem Blick in die Weite. Es gibt auch das schöne Bild aus dem Buch *Der Kleine Prinz*, in dem es heißt: »Man sieht nur mit dem Herzen gut.«

B: Was meinst du damit?

N: Indem man mit dem Herzen auf den Verstorbenen oder das eigene Ende blickt, lassen wir unser Zeit-Raum-Denken hinter uns und bewegen uns auf eine andere Ebene. Wir erschließen uns eine neue Sphäre. Vielleicht ist es der Zugang zu dieser Sphäre, der den Menschen aus- und besonders macht. Aber dazu muss er erst befähigt werden. Man muss das üben. Wenn man den Tod nicht wahrnimmt, bleibt einem diese ganze Sphäre verschlossen.

B: Ich verstehe.

N: Wenn wir schon bei dem Prinzip der Befähigung sind: Wir haben über die Herausforderungen einer Gesellschaft geredet, die sich aus vielen Kulturen speist, anstatt sich eindimensional an einer Religion oder Wertvorstellung zu orientieren. Da geht es zuerst um gegenseitige Akzeptanz. Längst wird viel darüber diskutiert, wie man Feste gemeinsam feiert. Aber dieser Punkt, den wir aufgegriffen haben, dass wir uns in unserer Wahrnehmung des Todes, in den Ritualen, im Trauern wirklich besser kennenlernen könnten, wäre eine ganz wesentliche Chance für unser gesellschaftliches Zusammenwachsen. Diesen Bereich nutzen wir bisher viel zu wenig. Das wäre für mich ein wichtiger

Punkt für die öffentliche Debatte: Wir sollten einander von unseren Ritualen, von unserem Verständnis vom Leben und vom Sterben erzählen und uns gegenseitig bei unseren Ritualen besuchen. Dadurch lernen wir einander besser verstehen.

B: Ja, aber ich glaube, wir haben damit schon angefangen. Es gab Trauerfeiern für die Verstorbenen während der Corona-Zeit, die alle Religionen im Gebet eingeschlossen haben. Ich habe auch von dem Trauergottesdienst für die Flutopfer erzählt. Vielleicht können wir das verstetigen und so die Perspektive weiten, den Verlust, unseren Schmerz und unsere Angst teilen. Daraus könnte eine Solidarität entstehen, die unsere Gesellschaft vielleicht ein Stück versöhnlicher macht, geeinter.

N: Da fällt mir auf, dass ich jetzt beim Besuch des Friedhofs Grabsteine gesehen habe, auf denen kleine Steine lagen.

B: Das ist mir auch aufgefallen!

N: Dir auch?

B: Ja. An Allerheiligen waren wir auf diesem Kirchhof. Dort liegen überwiegend evangelische Christen bestattet. Die evangelische Kirche begeht Allerheiligen eigentlich nicht, trotzdem habe ich dort viele Lichter gesehen, evangelische und katholische Christen nähern sich also an. Was ich schön finde. Es gibt dort auch einen sehr großen Grabstein für Menschen, die anonym bestattet worden sind, auf einer Wiese. Auch dort standen Kerzen. Und es lagen kleine Steine dort als Zeichen, dass man sich erinnern möchte.

N: Das ist doch spannend. Denn die Steine sind eigentlich ein jüdischer Brauch, sie sind Erinnerungsmomente, mit denen Friedhofsbesucher im Judentum die Verbindung zu ihren Toten herstellen. Ursprünglich, das habe ich gelesen, haben die Israeliten in der Wüste mit kleinen Steinhaufen ihre Gräber markiert. Es ging wohl auch darum, den Leichnam vor wilden Tieren zu schützen. Insofern brachten Freunde Steine mit, um das Grab zu bedecken. Aber was verbinden wir damit? Heute? In Deutschland? Handelt es sich um ein fremdes Ritual, das wir verstanden haben, das wir respektieren? Du hast wohl recht: Der Austausch religiöser Rituale rund um das Thema Sterben und Tod hat offensichtlich schon begonnen.

B: Vielleicht ist da tatsächlich ein neuer Brauch entstanden. Früher ging man mit Blumen zum Grab. Die Steine legt man auf das Grab wie einen Gedanken an den Toten.

N: Ich habe, angeregt durch unsere Gespräche, auch noch einmal begonnen, andere noch stärker mit meinem Herzen zu sehen. Gerade im Umgang mit Angehörigen frage ich mich: Wie können wir diejenigen, von denen wir fürchten, dass sie bald sterben, so begleiten, dass sie bei uns bleiben? Dafür brauchen wir eine andere Form von Abschied, einen, der den Tod ins Leben holt. Jenseits der Zäsur im rein materiellen Sinne – denn da handelt es sich um eine ganz deutliche Zäsur – können wir unsere menschliche Beseeltheit dazu nutzen, über diese Zäsur hinwegzusehen und hinwegzutreten. Es geht für mich darum, einen Weg aufzuzeigen, wie die Seelen der Verstorbenen in unserer Erinnerung Teil unseres Lebens bleiben.

B: Ich bin noch mal behutsamer geworden mit Menschen, die jemanden verloren haben. Weil mir klar geworden ist, wie unterschiedlich der Umgang mit Trauer ist. Du hast erzählt, wie verschieden Patienten und Patientinnen und Angehörige auf die Nachricht eines absehbaren Todes reagiert haben. Dasselbe erlebe ich in meinem Umfeld: Jede Trauer für sich ist besonders. Deshalb muss ich behutsam sein – mich zurücknehmen, zuhören und herausfinden, wie ich Trost spenden kann, ohne vorschnell tröstende Worte parat zu haben, denn das kann völlig falsch sein. Ich möchte schauen: Wie kann ich nah sein? Wie kann ich vermitteln, dass ich bereit bin, jemanden aufzufangen? Oder mit jemandem zu weinen? Oder auch einfach nur still zu sein? Wir haben Rituale, die wir teilen. Aber unsere Trauer ist eben doch so individuell wie der Mensch, wie das Leben selbst.

Dank

Dieses Buch ist das Ergebnis unserer intensiven gemeinsamen Gespräche. Auf dieser Reise haben uns wichtige Menschen begleitet, und wir möchten uns für ihre Initiative und Unterstützung vielmals bedanken.

Julika Jänicke vom Ullstein Verlag danken wir für ihr Interesse und ihre Bereitschaft, sich auf ein ungewöhnliches Experiment einzulassen. Bettina Eltner hat als Lektorin wertvolle und professionelle Hilfestellung gegeben.

Karin Graf danken wir für ihre Begleitung mit der ihr eigenen Sensibilität und Umsicht.

Ein großer Dank geht an Julia Schaaf, die die transkribierten Texte in eine erste Ordnung gebracht hat. Kenntnisreich und emphatisch hat sie mit ihrer Präsenz zur Entstehung des Buches beigetragen.

Ein großer Dank geht auch an Jutta Casdorff für unseren intensiven, persönlichen Austausch, kluge Reflexion und kritische Durchsicht.

Ganz besonders danken wir Esther Uleer für ihren großen Einsatz bei der Entstehung des Buches. Sie hat dieses Projekt aus ganzem Herzen begleitet, uns immer ermutigt, den Weg weiterzugehen, und uns mit Aufmerksamkeit und Empathie zu mancher Klärung in der Argumentation gebracht.

Grundlagen und Inhalte dessen, was wir zusammengetragen haben, stehen in einem unmittelbaren Zusammenhang mit unseren Familien. So wollen wir besonderen Dank sagen an Anne Schattenfroh und Frank Steinmeier, unseren langjährigen Partnern im Leben. Und natürlich an unsere wundervollen Töchter. Sie alle haben uns sehr unterstützt, kritisch gegengelesen, aber vor allem erlaubt und uns ermutigt, persönliche Erfahrungen zu teilen, die auch die ihren sind. Wir sind tief bewegt von ihrem Vertrauen und unendlich dankbar dafür, dass es sie gibt.

Literaturempfehlungen

Harro Albrecht, »Sehnsucht nach Klarheit«, in: *Die Zeit*, Nr. 18, 29. April 2021, Seite 29.

Philippe Ariès, Geschichte des Todes (aus dem Französischen von Hans-Horst Henschen und Una Pfau). Darmstadt 1996.

Gabriele von Arnim, Das Leben ist ein vorübergehender Zustand. Berlin 2021.

Auf ein Sterbenswort. Wie die alternde Gesellschaft dem Tod begegnen will; eine Untersuchung hrsg. vom Berlin-Institut für Bevölkerung und Entwicklung mit der Körber-Stiftung und der Software AG-Stiftung, Berlin 2020.

Claudia Bausewein, »Über Sterben«; Interview, in: *Süddeutsche Zeitung* Nr. 60, 25./26. Mai 2019, Seite 60.

Claudia Bausewein, Rainer Simader, 99 Fragen an den Tod: Leitfaden für ein gutes Lebensende. München 2020.

Volker Boehme-Neßler, »Das Grundrecht auf Suizid«, in: *Neue Zeitschrift für Verwaltungsrecht* 39 (2020), 14, S. 1012–1015.

Gian Domenico Borasio, Über das Sterben. Was wir wissen. Was wir tun können. Wie wir uns darauf einstellen. München 2013.

Gian Domenico Borasio, »Wie wir über selbstbestimmtes Sterben sprechen«, in: *Die Welt*, 15. April 2019.

Franz-Josef Bormann und Gian Domenico Borasio (Hrsg.), Sterben. Dimensionen eines anthropologischen Grundphänomens. Berlin 2021.

BVerfG, »Verbot der geschäftsmäßigen Förderung der Selbsttötung verfassungswidrig«, Pressemitteilung Nr. 12/2020 zum Urteil des Zweiten Senats vom 26. Februar 2020; – 2 BvR 2347/15 –, Rn. 1-343; BVerfGE 153, S. 182–310.

»Das Sterben der anderen«; Panorama, in: *Der Spiegel* Nr. 24, 6. Juni 2020, Seite 26.

Joan Didion, Blaue Stunden (aus dem Englischen von Antje Rávik Strubel). Berlin 2012.

Joan Didion, Das Jahr des magischen Denkens (aus dem Englischen von Antje Rávik Strubel). Berlin 2006.

Thea Dorn, Trost: Briefe an Max. München 2021.

Annette von Droste-Hülshoff, Die Judenbuche (1842). Reclam, Stuttgart 2001.

Atul Gawande, Sterblich sein: Was am Ende wirklich zählt – Über Würde, Autonomie und eine angemessene medizinische Versorgung. Frankfurt a. M. 2017.

Karl Grünberg, »›Wiedersehen und Abschied zugleich‹: Wo die Lebenden den Toten ganz nahe sind«, in: *Der Tagesspiegel*, 17. September 2021.

Andreas Heller und Klaus Wegleitner, »Sterben und Tod im gesellschaftlichen Wandel«, in: *Bundesgesundheitsblatt – Gesundheitsforschung – Gesundheitsschutz*, Jg. 60, Ausgabe 1/2017. Published Online: 28. November 2016.

Stefan Hornbach, Den Hund überleben. München 2021.

Paul Kalanithi, Bevor ich jetzt gehe: Was am Ende wirklich zählt – Das Vermächtnis eines jungen Arztes. München 2016.

Andreas Kögel, Sterbehilfe und vorzeitige Lebensbeendigung im Spiegel persönlicher Erwartungen und religiöser Vorstellungen; Ergebnisse einer Umfrage unter Hausärzten. Wissenschaftliche Schriften der WWU Münster. Reihe VII; Bd. 20. Münster 2016.

Matthias Meitzler, Soziologie der Vergänglichkeit. Zeit, Altern, Tod und Erinnern im gesellschaftlichen Kontext. Hamburg 2011.

Armin Nassehi und Irmhild Saake, »Selbst der Tod hat sich verändert«, in: *Die Zeit* Nr. 3, 14. Januar 2021, Seite 48.

Neuregelung des assistierten Suizids – Ein Beitrag zur Debatte, Diskussion Nr. 26, hrsg. v. d. Nationalen Akademie der Wissenschaften Leopoldina 2021.

Sigrid Nunez, Der Freund (aus dem Englischen von Anette Grube). Berlin 2020.

Sigrid Nunez, Was fehlt Dir (aus dem Englischen von Anette Grube). Berlin 2021.

Daria Pezzoli-Olgiati, »Der Tod soll uns das Leben lehren«, in: *Neue Zürcher Zeitung*, 6. Mai 2021, Seite 32.

Heribert Prantl, »Was nützt der Abschied in Gedanken?«, in: *Zeit online*, 17. Februar 2021, aktualisiert am 22. Februar 2021.

Christoph Schlingensief, So schön wie hier kanns im Himmel gar nicht sein! Tagebuch einer Krebserkrankung. Köln 2009.

Christian Schüle, »Wie wir lernen zu sterben – Lange haben wir den Tod verdrängt. Nun kehrt er ins Leben zurück.«, in: *Die Zeit* Nr. 46, 08.12.2012, Seite 039/Wissen.

Cory Taylor, Sterben. Eine Erfahrung (aus dem Englischen von Ulrike Kretschmer). Berlin 2017.

Berit Uhlmann, »Trauer in Zeiten von Corona«, in: *Süddeutsche Zeitung* Nr. 140, 22. Juni 2021, Seite 15.

Irvin D. Yalom und Marilyn Yalom, Unzertrennlich: Über den Tod und das Leben (aus dem Englischen von Regina Kammerer). München 2021.